本书承蒙国家自然科学基金项目"多中心理论视域下中国空心村治理结构及其影响机理"(项目编号:41561041)、"AGIL理论视域下易地扶贫搬迁的减贫长效机制研究"(项目编号:41761038)和南昌大学社会科学学术著作出版基金项目(项目批准号:NCU2016P013)资助。谨致谢忱!

治理视阈下
农地整治模式比较研究

曾 艳 ● 著

中国社会科学出版社

图书在版编目(CIP)数据

治理视阈下农地整治模式比较研究 / 曾艳著. —北京：中国社会科学出版社，2018.3
ISBN 978-7-5203-1314-8

Ⅰ.①治…　Ⅱ.①曾…　Ⅲ.①农村—土地整理—对比研究—中国　Ⅳ.①F323.24

中国版本图书馆 CIP 数据核字（2017）第 266950 号

出 版 人	赵剑英
责任编辑	王莎莎
责任校对	张爱华
责任印制	张雪娇

出　　版	中国社会科学出版社
社　　址	北京鼓楼西大街甲 158 号
邮　　编	100720
网　　址	http://www.csspw.cn
发 行 部	010-84083685
门 市 部	010-84029450
经　　销	新华书店及其他书店
印　　刷	北京君升印刷有限公司
装　　订	廊坊市广阳区广增装订厂
版　　次	2018 年 3 月第 1 版
印　　次	2018 年 3 月第 1 次印刷

开　　本	710×1000　1/16
印　　张	12.5
插　　页	2
字　　数	200 千字
定　　价	68.00 元

凡购买中国社会科学出版社图书，如有质量问题请与本社营销中心联系调换
电话：010-84083683
版权所有　侵权必究

目 录

第一章 绪论 ……………………………………………（ 1 ）
  第一节 问题提出 ………………………………………（ 1 ）
  第二节 国内外研究进展 ………………………………（ 5 ）
    一 农地整治模式的研究进展 ………………………（ 6 ）
    二 农地整治项目绩效评价的研究进展 ……………（ 7 ）
    三 农地整治产权的研究进展 ………………………（ 9 ）
    四 农地整治项目治理的研究进展 …………………（ 11 ）
    五 文献评述 …………………………………………（ 14 ）
  第三节 研究方法 ………………………………………（ 16 ）
  第四节 内容安排与逻辑思路 …………………………（ 18 ）
    一 研究目标 …………………………………………（ 18 ）
    二 研究内容 …………………………………………（ 18 ）
    三 研究假设 …………………………………………（ 19 ）
    四 分析框架 …………………………………………（ 21 ）

第二章 农地整治模式研究架构：治理视阈 ……………（ 23 ）
  第一节 治理释义 ………………………………………（ 23 ）
  第二节 治理模式 ………………………………………（ 25 ）
  第三节 农地整治模式 …………………………………（ 31 ）
    一 农地整治模式内涵 ………………………………（ 31 ）
    二 农地整治模式总览 ………………………………（ 32 ）
    三 几种典型的农地整治模式 ………………………（ 33 ）

第四节 治理视阈下的农地整治模式 …………………………（38）
　　一 政府主导模式 …………………………………………（38）
　　二 农民自治模式 …………………………………………（42）
本章小结 ……………………………………………………………（47）

第三章 农地整治的治理逻辑：产权安排 ………………………（49）
第一节 产权及其相关理论 …………………………………………（49）
　　一 产权阐释 ………………………………………………（49）
　　二 产权性质 ………………………………………………（51）
　　三 不完全产权的两个层面：法律产权和经济产权 ……（52）
　　四 农地产权公共领域 ……………………………………（55）
第二节 法律层面的农地整治产权：两种模式的比较 ……（56）
　　一 土地使用权的独立程度不同 …………………………（57）
　　二 土地处置权固化程度不同 ……………………………（61）
　　三 土地收益权残缺不全 …………………………………（66）
第三节 经济层面的农地整治产权：剩余控制权与剩
　　　　余索取权 ……………………………………………………（69）
　　一 剩余索取权和剩余控制权理论 ………………………（70）
　　二 农地整治产权主体的利益目标多样化激发剩余
　　　　索取权的争夺 …………………………………………（71）
　　三 农地整治控制权的构成 ………………………………（72）
第四节 农地整治剩余控制权配置的博弈分析 …………（77）
第五节 产权在公共领域内的租值消散 …………………………（84）
本章小结 ……………………………………………………………（89）

第四章 农地整治的契约：治理形式 ………………………………（90）
第一节 不完全契约理论与农地整治 ………………………………（90）
　　一 不完全契约理论 ………………………………………（90）
　　二 农地整治中的契约不完全性 …………………………（92）
第二节 农地整治中的委托代理关系 ………………………………（93）
　　一 委托—代理理论的发展及其内容 ……………………（93）

二　农地整治中的委托代理分析 …………………………（95）

　第三节　政府主导模式下的共同代理：以村干部为例 ……（101）

　　一　共同代理理论研究及其进展 …………………………（101）

　　二　村干部的共同代理效率分析 …………………………（103）

　　三　实证分析：村干部的共同代理行为 …………………（110）

　　四　计量结果分析 …………………………………………（114）

　　五　共同代理研究结论与启示 ……………………………（117）

　第四节　"农民自治"模式中的农户间关系契约 …………（118）

　　一　农户间关系契约的特点 ………………………………（119）

　　二　农户间关系契约的表现 ………………………………（120）

　本章小结 ………………………………………………………（124）

第五章　农地整治的交易费用测量：一个典型案例 …………（126）

　第一节　交易费用理论依据 …………………………………（126）

　　一　交易费用及其分类 ……………………………………（126）

　　二　公共政策的交易费用测量 ……………………………（128）

　第二节　农地整治模式的交易费用模型 ……………………（129）

　　一　模型假设 ………………………………………………（130）

　　二　模型建构 ………………………………………………（132）

　第三节　农地整治的交易费用测度：农户视角的实证
　　　　　研究 …………………………………………………（136）

　　一　农地整治交易费用测度方法 …………………………（136）

　　二　研究区域概况与数据来源 ……………………………（138）

　　三　研究结果及其分析 ……………………………………（140）

　　四　交易费用测量结果及解释 ……………………………（148）

　本章小结 ………………………………………………………（151）

第六章　农地整治的模式选择：资产专用性与不确定性 ……（153）

　第一节　农地整治的交易费用理论 …………………………（153）

　　一　农地资产专用性与农地整治模式 ……………………（153）

　　二　不确定性与农地整治交易费用 ………………………（155）

三　研究假说 …………………………………………（157）
　第二节　实证分析：农地整治模式选择 …………………（157）
　　一　研究区域概况 ……………………………………（157）
　　二　变量选择 …………………………………………（158）
　　三　主因子分析 ………………………………………（160）
　　四　回归分析 …………………………………………（162）
　本章小结 ……………………………………………………（166）

第七章　研究结论与讨论 …………………………………（168）
　第一节　研究结论 …………………………………………（168）
　第二节　政策建议 …………………………………………（171）
　　一　构建农地整治模式选择机制，完善农民参与
　　　　体系 …………………………………………………（171）
　　二　赋予农民充分的农地整治权利，加强政府与农
　　　　户的沟通 ……………………………………………（172）
　　三　转变地方政府职能，强化政府服务代理意识 …（173）
　　四　完善社会监督机制，加强农地整治资金管理 …（173）
　第三节　相关问题的讨论与研究展望 ……………………（174）
　　一　内生性交易费用与外生性交易费用的边界问题 …（174）
　　二　研究的普遍适用性问题 …………………………（177）

参考文献 ……………………………………………………（179）

图 目 录

图 1.1　研究技术路线图……………………………（22）
图 2.1　农地整治模式二维图………………………（35）
图 2.2　政府主导模式实施流程……………………（40）
图 2.3　农民自治模式实施流程……………………（43）
图 3.1　法律产权与经济产权………………………（54）
图 3.2　政府主导模式农地权属调整流程…………（62）
图 3.3　广西龙州县土地权属分配流程……………（64）
图 3.4　政府主导模式下农地整治控制权的构成…（76）
图 3.5　两阶段讨价还价博弈扩展图………………（80）
图 3.6　三阶段讨价还价博弈扩展图………………（81）
图 3.7　剩余控制权的租值消散……………………（85）
图 4.1　政府主导模式下的委托代理关系…………（98）
图 4.2　农民自治模式下的委托代理关系…………（100）
图 6.1　农地资产专用性与农地整治模式…………（156）
图 6.2　农地整治模式对资产专用性、不确定性的反应……（158）
图 7.1　内生性交易费用与外生性交易费用的权衡折中……（176）

表 目 录

表 3.1　政府主导模式下农户在农地整治中的话语权实现情况……………………………………………………（59）
表 3.2　农地整治中农民经济权益诉求的重要程度……………（68）
表 4.1　变量说明及赋值……………………………………（111）
表 4.2　多重共线性检测结果………………………………（113）
表 4.3　全模型回归结果……………………………………（114）
表 4.4　农民对地方政府信任程度…………………………（117）
表 5.1　农地整治交易费用测量指标………………………（140）
表 5.2　农地整治前期谈判费用……………………………（142）
表 5.3　农地整治纠纷处理的交易费用……………………（147）
表 5.4　农地整治交易费用比较……………………………（149）
表 6.1　资产专用性因子分析………………………………（161）
表 6.2　不确定性因子分析…………………………………（162）
表 6.3　农地整治模式选择的 Logit 模型估计 ……………（163）
表 6.4　两种模式下农户认知对比…………………………（165）

第一章 绪 论

我国是一个土地开发历史悠久、农耕文明灿烂的国家，早在3000多年前的殷周时期就已经有了农地整治的萌芽，西周的井田制、秦汉的屯田制、西晋的占田制、北魏隋唐的均田制等被认为是农地整治的雏形。在漫长的历史长河中，农地整治活动一直持续，尤其是新中国成立后多次进行以基本农田建设为主的土地整理活动，而现代意义的农地整治则是在改革开放之后。虽然全国范围大规模开展农地整治只有短短十几年的历史，但农地整治在保障国家粮食安全、促进城乡统筹发展、维护农民权益和社会稳定等方面发挥了重要作用。

第一节 问题提出

改革开放近40年来，随着工业化、城市化的快速发展，中国的人地关系、城乡结构、农村土地利用结构都发生显著变化。一方面，城镇规模扩张和建设用地需求急剧增长，致使经济发展与耕地保护的矛盾升级；另一方面，农村土地利用效率低下，大量土地抛荒，甚至废弃闲置，农业产能受到限制。农地整治是以土地整治和城乡建设用地增减挂钩为平台，田、水、路、林、村、房的综合整治。土地是经济与社会发展中诸多矛盾的根源。传统城镇化在推进过程中，大量耕地被占用征收，人地矛盾凸显，城乡关系严重扭曲，客观上阻碍了城乡经济社会一体化发展。作为优化配置土地资源、盘活土地存量、适时补充耕地资源、实现耕地总量动态平衡的重要手段，农地整治有利于提高农业产能、促进城乡建设用地联动，推进城乡统筹协调发展。党的十七届三中全会明确提出，今后要"大规模实施土地整治"；通过全国"十二五"土地整治规划的实施，土地整治已经正式上升为国家战略部署。"十三五"规划纲要进一步提出以粮食等大宗农产品主产区为重点，大规模推进土地整治和高标准农田建设，并将高标准农田建设列为"农业现代化重大工程"的头号工程，从国家战略层面再次强调土地整治和高标准农田建设的重要性。

随着农地整治规模的扩大，农地整治的内涵、内容与模式都不断拓展，已经不是单纯的农田整理，而是农田整理与村庄治理、新农村建设的有机结合。[①] 首先，农地整治是一项综合系统工程，不仅包括土地平整工程、灌溉排水工程、田间道路工程、农田防护工程和村庄整治工程，而且包括土地权属关系的调整，对增加有效耕地面积，提高耕地质量，改善生态环境具有重要作用。2001—2012年，中国通过农地整治共补充耕地约333万公顷，超过同期建设占用和自然灾害损毁耕地面积之和。2011—2014年全国建成适应现代化农业发展的高标准、成规模基本农田2000万公顷，整治后的耕地质量平均提升1—2个等级，粮食产能提高10%—20%，为国家耕地总量动态平衡与粮食安全做出了重要贡献。[②] 其次，农地整治是推进新农村建设和新型城镇化的重要举措。农民增产增收、新农村建设和城乡统筹发展，关键在于土地，而其突破点就在农地整治。根据城乡建设用地增减挂钩试点2013年度评估结果，农地整治项目区实施后农民人均年收入提高30.1%[③]，并改变了村庄脏、乱、差的面貌。

毋庸置疑，农地整治在中国的大规模开展，带来的"惠农"效

[①] 刘彦随：《科学推进中国农村土地整治战略》，《中国土地科学》2011年第4期。

[②] 高世昌、周同等：《农村土地整治示范建设综合成效评估报告》，载国土资源部土地整治中心《土地整治蓝皮书：中国土地整治发展研究报告》（No.2），社会科学文献出版社2015年版，第72—75页。

[③] 郧文聚、汤怀志等：《"十三五"土地整治规划：把生态良田建设摆在突出地位》，《农村工作通讯》2015年第7期。

应十分凸显，取得了显著成就，但是应当看到农地整理过程中因缺乏有效的农户参与，项目建设脱离了农民的实际需求，实施效果远低于农民的期望，并在一定程度上偏离了制度目标。由于农地整治的直接受益人——农民未能充分参与到项目的实施和决策，缺乏有效的监督体系，导致项目资金挪用和挤占现象严重，损害了农民的利益，引起了社会冲突；项目立项决策阶段调查不深入，评估工作相对滞后，未形成统一的评价标准；规划设计脱离实际，科学合理性不足，导致项目设计变更频繁，甚至有些设施竣工后无法使用；施工阶段中存在相当的随意性，导致工程质量无法保证；项目实施中重视耕地数量增加，忽视质量提高和生态环境保护；后期管护阶段责权不明确，造成管护缺位，缺少资金保障。这些问题的存在无疑阻碍了农地整治项目的顺利实施，降低农地整治项目的效率，导致大量的"路边工程""断头工程"的产生，损害农民利益，甚至影响了农村社会的稳定与和谐。

为保护农地整理过程中农民权利和利益，国家一直重视农地整治中的公众参与。《土地开发整理若干意见》（国发〔2003〕363号文件）中提出："尊重土地权利人意愿，编制和落实土地权属调整方案。土地开发整理前，土地权属调整必须经村民会议三分之二以上成员或三分之二以上村民代表的同意，签订协议。"《全国土地整治规划（2011—2015年）》提出："始终把维护农民和农村集体经济组织的主体地位放在首位，按照以人为本、依法推进的要求，保障农民的知情权、参与权和受益权，切实做到整治前农民自愿、整治中农民参与、整治后农民满意。"《全国土地整治规划（2016—2020年）》进一步将维护群众权益作为农地整治应遵循的原则，明确指出："坚持农民主体地位，尊重农民意愿，保障农民的知情权、参与权、监督权和受益权，切实维护农村集体经济组织和农民合法权益。"该规划还要求在农地整治中，"坚持政府主导、国土搭台、部门协同、上下联动、公众参与的工作机制，加强政府的组织领导，强化部门合作，有效发挥整体联动的综合效应；建立健全激励机制，充分调动社会各方和农民的积极性、主动性，推进土地综合整治"。但在农地整治实践中，突出问题依然是政府行为过度，市场动力不足，产权主体意愿被忽略。[①] 农地整治从规划、实施到资金投入都是由政府大包大揽，真正的土地产权主体农民只能被动接受。虽然政府既出钱又出力，但是农民对农地整治项目并不满意，甚至阻挠施工建设。原因就在于农民在农地整治项目规划、建设中的缺位。

基于上述农地整治实践中的问题日益增多，国土资源部大力倡导创新农地整治实施模式，鼓励农民集体经济组织和农民依据土地整治规划开展土地整治，一些地方相继进行大量探索，农地整治模式不断推陈出新。尤其是随着全国"十二五"土地整治规划的编制实施，农地整治重大工程和示范建设逐渐成为新时期引领和带动全国土地整治工作的主要抓手。从地方实践来看，重庆市"地票"交易敲响第一锤，江苏省在全省范围内大力推进"万顷良田建设工程"，浙江省推行"千村示范万村整治"工程，四川省启动"金土地工程"，湖北省实施"百万亩高产田示范工程"，湖南省实行"四自模式"，广西壮族自治区则推行"小块并大块"等工程。纵观十几年的发展，土地整治已形成了"政府主导、部门联动""政府引导、村民自治""社会参与、市场导向""统筹规划、综合整治""增减挂钩、城乡互动""环境友好、生态整理"六种创新模式。[②]

各种农地整治模式都是地方政府和农民因地制宜进行创新的结果，虽然不同模式在具体实施中存在差异，但是从政策执行的角度看，现有模式基本上可归纳为"自上而下"的政府主导模式和"自下而上"的农民自治模式。横向比较这两种典型的农地整治模式，不难发现各有利弊。政府主导型的农地整治模式是以行政管理为主的工作模式，执行力较强，工作效率高，有效地推进了高标准基本农田

---

① 石峡、朱道林等：《土地整治农民需求层次特征及影响因素研究》，《农业工程学报》2015年第3期。
② 姚艳、高世昌：《农村土地整治模式创新探析》，《中国土地》2014年第5期。

的建设，但是农民参与不足，地方政府在实践操作中容易盲目追求政绩。地方政府将农地整治目标定位于新增耕地面积数量，以获得城乡建设用地增减挂钩指标；或者注重形象工程建设，不顾项目区的整体建设效率，忽视农民的实际需要，从而导致部分劣质工程产生。农民自治模式有助于因地制宜形成实施主体的多元化。农民用国家的钱整自己的地，激发了基层组织和农民的积极性，实现了土地整治与土地利用方式的有效结合。由于集体决策中存在"搭便车"等机会主义行为，为防范项目实施中纠纷的产生，通常在项目前期需要耗费时间和精力去制订详尽的农地整治方案，从而增加外生性交易费用。

毋庸置疑，虽然两种模式各有利弊，却在不同地域交织共存，并不断地发展演化。为此，有必要对这些模式进行比较研究，探寻各种模式运行的内在机理及其绩效，揭示不同模式的本质差异，阐明农户进行农地整治模式选择的影响因素，提出不同模式有序高效运行的体制机制及适应环境，为我国农地整治有序合理开展提供科学依据。随着农地整治模式的不断推陈出新，阐明不同模式间的效率差异，解析不同农地整治模式绩效的影响机理与一般规律就成为学者们关注的热点。而现有研究大多从工程管理、地理学和社会学等角度对农地整治项目的实施与管理进行研究，但基于新制度经济学理论进行的研究并不多见。本研究即按照新制度经济学研究范式，但基于治理研究视阈，依据产权理论、契约理论和交易费用理论，对两种典型的农地整治模式进行全面系统的比较分析，以期阐释不同农地整治模式的运行机理，探寻完善农地整治模式、提高农地整治效率的有效策略。

第二节 国内外研究进展

中国自20世纪90年代后期开始土地整治工作。十多年来，该项工作从起步到全面推进、不断创新，其范畴、目标、内涵和模式等都发生了深刻变化，与其发展态势相适应，对农地整治的学术研究也正如火如荼地进行着。

一 农地整治模式的研究进展

国外开展农地整治实践的历史比较悠久，相关的模式研究也比较成熟，根据发展历程，主要经历了农地平整、村庄整治、建设用地整理、景观塑造和生态环境保护四个阶段。科埃略（Coelho，2001）阐述了农业主导型和产业带动型农地整治模式，克里森蒂（Crecente，2002）基于乡村空间重构，提出了改善西班牙乡村景观的城镇引领、村庄整合模式，布林克（Brink，2008）研究了荷兰在乡村发展过程中土地整治的作用及实施不同的村庄整治模式所带来的成效，埃斯肯（Iscan，2010）基于参与人土地产权调整意愿，研究土耳其采取不同的土地重新分配方案的整治模式。

近年来国内学者对农地整治模式的研究较多，早期主要集中在土地整理项目融资模式、项目管理模式、经营模式和盈利模式等方面。李东坡等（2000）结合土地开发整理的实践总结出六种主要的土地开发整理经营模式：农户开发整理模式、社区组织开发整理模式、土地入股规模化经营的开发整理模式、专业的土地整理公司开发整理模式、政府组织开发整理模式以及以产业化经营为主的土地开发整理模式。伍黎芝（2004）从项目融资角度探讨了BOT、PPP、土地基金和资产证券化这四种项目融资模式。

随着农地整治的逐步推进，农地整治模式层出不穷，为更合理地归类，张正峰等（2007）对农地整治模式的分类进行了系统的归类，分别从整理项目区地域特征、土地利用类型、项目目标和运作方式等方面对土地整理模式进行了划分。刘彦随、朱琳等（2012）基于"三整合"、农村空心化"生命周期"、克里斯泰勒中心地理论等理论，研究了土地整治重点的区域差异性模式、城乡一体化模式、"一整三还"综合模式和统筹协同决策模式。农业产业化与农地整治相结合之后，农地整治模式也加入农业经营模式，邹利林等（2011）探索了农村土地综合整治产业化发展的盈利模式："政府农户"模式、"企业农户"模式、"政府企业农户"模式、"村集体组织"模式和"企业"模式。由于农地整治普遍实施项目法人制，从项目管理视角进行农地整治研究就成为热点，周厚智（2012）、钱圣（2012）和周春芳（2012）分别从项目投资主体、项目组织设计、项目效率提升等方面对农地整治项目模式进行了研究。朱欣（2014）则从农地整治项目实施主体的角度将农地整治分为政府主导模式和农户主导模式两种。

值得一提的是，部分研究成果也在实践中得到了推广应用。其中，较有代表性的有"两分两换"模式，即宅基地与承包地分开、搬迁与土地流转分开、以宅基地置换城镇房产、以土地承包经营权置换社会保障。随着国土资源部推行高标准基本农田建设，广西的"小块并大块"及"结对并地"模式成为典型的农民自治模式。将农地整治与新型城镇化相结合，土地整治又可以分为城镇推进型、乡村更新型、基本农田保护示范区建设等模式。针对现有农地整治模式百花齐放的形势，姚艳、高世昌（2014）则从农地整治主体和内容的角度将农地整治模式分为"政府主导、部门联动""政府引导、村民自治""社会参与、市场导向""统筹规划、综合整治""增减挂钩、城乡互动""环境友好、生态整理"六种创新模式。

二 农地整治项目绩效评价的研究进展

农地整治模式众多，而且随着农地整治项目的大规模推进，各地方还在不断创新。然而这些不同模式的农地整治项目的实施绩效如何，是众多学者普遍关注的问题，也是本研究在对不同模式进行比较研究中需要关注的。农地整治绩效评价研究为本研究提供了绩效测度方法，尤其是农户对项目的评价方法。国内外对土地整治项目的绩效评价研究成果丰硕。

国外学者普遍认为农地整治绩效评价是一项复杂的工程，在实践中需要经济、环境、社会等多个学科的支持，一般分为项目前评估和项目后评估。哈伦布鲁克（Huylenbroeck，1996）创建了农地整治项目整体评估的程序与步骤，并运用仿真模型预测了农地整治项目完成后可实现的经济、社会及生态效益；科埃略（Coelho，2001）从多学科视角出发，提出了农业系统绩效评估的方法，并构建了农地整治项目决策评估模型，运用该模型能够预测出农地整治项目对农田水利、田间道路及公路建设等方面的影响。他对农地整治项目后评价的研究，主要集中在项目建成之后的社会效益评价、生态景观效益评价等方面。

  国外有不少学者对农地整治项目效率的影响因素进行研究。伊马里奥格鲁和帕克（Yomralioglu and Parker，1993）就成本分摊和收益分享对土地整理项目效率的影响进行了深入研究；拉森（Larsson，1997）分析认为公众参与对土地整理项目效率具有很大影响；阿奇（Archer，1989）和卡其（Karki，2003）认为参与人员的素质、管理才能与技术能力是影响土地整理项目效率的重要因素。在土地整治实施绩效评价研究方面，米兰达（Miranda，2010）认为通过土地整治减少了土地细碎化，有利于促进农村人口转移，是推进乡村地区发展的一项重要工具；雅斯里格鲁（Yaslioglu，2009）认为农业土地的细碎化是影响农业生产效率提高的重要障碍因素，整治区域农民的满意度和参与程度是土地整治是否能够取得成功的关键，而耕作半径、耕作条件、农业基础设施的完善程度则是影响土地整治中农民满意度和参与程度的重要因素。

  近年国内学者开始尝试运用多种方法对土地整治绩效评价进行研究。李宪文等（2004）从理论上分析了土地整理后农业产值净增加的潜力，并构建了数学模型进行定量估算；罗里辉、吴次芳（2004）将主成分分析与两维图论聚类分析有机结合，提出了农地整治优先度的评价方法。李正等（2010）基于物元分析理论，应用物元和可拓集合中的关联函数建立了综合效益评判模型；赵微（2010）提出采用属性简约方法对农地整治项目立项决策进行评判；张正峰等（2011）采用农户调查与统计年鉴数据分析相结合的方法，估算土地整治的资源与经济效益；郭刚等（2011）采用AHP和多层次模糊综合评价法，构建了土地整治项目绩效评价体系，为土地整治评价提供了新的思路与方法；田家劲等（2012）将可拓学理论和方法应用到土地整治工程中，建立了经典域物元、节域物元和待评物元模型，拓展了土地整治项目效益评价方法体系；陈梦华（2012）采用工作分解结构理论、价值理论、标杆管理理论，构建了基于过程的农地整治项目效率评价指标体系及评价模型；吴九兴等（2012）以湖北省为例，构建了农地整治项目绩效评价的13个指标；汪文雄等（2013）对PPP模式下农地整治项目的核心利益相关者对项目前期阶段效率的影响机理进行了分析，并基于价值增值理论构建了农地整治项目前期阶段工作效率的指标体系，提出了提升农地整治项目前期阶段效率的对策建议；文高辉等（2014）从农户视角对影响农地整治项目绩效的障碍因子进行了诊断，得出影响农地整治项目绩效的因素是农民对施工建设的评价和农户对规划设计的评价，前者的影响程度最大，后者次之；汪文雄等（2014）基于标杆管理理论，并结合超效率模型对湖北省岗前平原工程区的农地整治项目效率进行了评价。

上述研究成果从多学科、多角度对土地整治的绩效进行评价，研究方法从一般的经济效益评价方法到工程项目评价模型，丰富多彩。尤其是不少研究都设计了针对农户视角的评价指标体系，且随着研究的深入，该绩效评价指标体系日臻完善。

三　农地整治产权的研究进展

综观国内外研究，将产权理论应用于农地整治方面的并不多见，也没有形成完整的理论体系，更多的是把产权观点引入农地整治权属调整。国外研究侧重于农地整治权属调整的技术方法，其中蕴含着政府对农民土地产权的治理思想，大多数农地整治均以充分尊重土地所有者的整治意愿和需求为前提，体现了农地所有权的完整性。在尊重土地所有者产权的条件下，如何建立农户与政府之间的信任关系是农地整治研究中颇为关注的问题。

土地所有者的权益保护、利益协调始终是国外学者研究的重点。诺特（Noort，1987）在对荷兰土地整理演变历程及实践效果的研究中，指出荷兰土地整理的实施始终坚持将土地所有者（农场主）的个体利益与社会利益相互协调，充分考虑土地所有者的利益诉求，这也是荷兰土地整理实践效果取得较高的社会可接受性和满意度的本质原因。D. 阿雷·A. 森姆萨拉（D. Ary A. Samsura，2010）研究和分析土地开发过程中参与者的决策如何相互关联，以及这些决策导致的结果。该研究运用博弈模型分析和预测参与者的行为决策过程。研究表明，博弈理论有助于通过展示不同回报的利益相关者的选择策略来确定土地开发的关键决策，使得选择方案能平衡各利益相关者的利益。因此，它提供了一种方法去思考战略相互作用的复杂性，特别是关于集体决策冲突的结构和过程。

土地整治中产权的安排与配置也是学者们关心的话题。察雅·T（Caya T.，2013）利用 AHP 法构建土地优化配置模型，根据模型对土地整治项目中的土地使用权重新安排，并将新的土地配置模型和传统土地配置模型进行了比较分析。雷登（Reydon，2015）基于土地产权监管的历史背景，构建了巴西土地监管的总体制度框架，解释了在各种社会、经济和环境的影响下巴西土地利用与产权监管之间的联系。他认为巴西的土地整治需要在了解当前的治理和结构转型的潜力基础上进行，但由于缺乏一个正式的监管机制，使得巴西的土地使用权制度非常简单和脆弱，以至于公共土地的信息、人们购买土地的目的，甚至是土地投机的目的仍未可知，容易在土地整治中产生土地纠纷和冲突。因此，巴西土地整治的当务之急就是从产权着手进行可持续的土地治理。

不仅在理论研究中，在实践中西方发达国家也普遍注重土地整治中农户的权益保障。在德国和日本的城乡土地整理置换中，农地所有者可以得到大部分的增值收益，农地的产权得到了很好的保护。荷兰土地改良开发过程中，农地所有者除了获得农地的市场价值，还能得到一定的土地增值收益。荷兰独立的司法体系更是保障了农地所有者的权益免遭侵害。

美国的荒地治理更体现了产权的作用，政府以产权权益和责任对等的原则鼓励私人参与荒地治理，并快速解决了中、西部地区的沙尘暴问题，而那些新的民间产权人则心甘情愿地生活在自然条件恶劣的地区，并通过长期、稳定的积极劳动和精心经营而不断获益。由此可见，保障农户的合法权益，不仅可以提高城乡居民参与的积极性和合作意愿，也能够减少政府推进项目实施的成本和自身公共行政的压力。

国内的农地整治研究中从产权视角进行的成果为数不多。陈佳骊、徐保根（2010）研究了浙江省创造性地设计的建设用地复垦指标政策，此项政策使地方政府可通过农村建设用地复垦换取建设用地指标，类似于美国可转移发展权制度，从而为农村土地整治项目提供重要的资金支持。对浙江省基于可转移发展权的农村土地整治项目而言，不同层级政府机构的干预强度与其在项目中承担的责任相关联，基于项目融资责任的分配便产生了相应的利益分享机制。在当前情况下政府主导角色不可或缺，单纯的市场并不是适宜的治理结构。农地整治中关键是如何保护农民的参与权，给予农民选择权，而不是把政府意志强加于农民。

吕玲丽等（2013）以新制度经济学为视角，基于产权制度变迁的角度分析广西铁耕村的农地整治案例，透过案例详细地分析其发起、运行及成功的机理。研究结果表明，农地整治是以村民和村集体为第一行动集团的诱致性制度变迁，制度变迁的绩效大于交易成本是农地整治的动力。叶剑平等（2012）研究认为，土地整治实际是以中国农村土地制度改革为基础的，而改革需要各种私人性的保障机制以防范制度中的成员在相处过程中出现的坏行为。政府主导模式缺乏这种制约机制，导致土地整治"善"的制度得到的却可能是"恶"的结果，同时增加了交易费用，引入第三方主体可以更好地实现土地整治的模式优化并能有效保护农民权益。

四 农地整治项目治理的研究进展

在西欧国家，土地整治方法经历长时间的演变。不同的土地利用条件、生态景观、土地政策和制度框架，都会导致国家的土地整治发展的方向不一致。例如，德国和荷兰的土地整治项目中，善于把当地农场改造项目和基础设施建设结合起来，并打造一个强有力的授权部门（土地整治管理委员会），一旦大多数人同意改造，则授权部门开始处理相关的土地项目。除了大项目，一般的强制性或自发性的土地整治都朝着简单的土地整治方向发展。与此相反，丹麦传统的土地整治是自发的，而并非全覆盖整个项目区。哈特维森（Hartvigsen，2015）研究发现，参照以往的试点项目，自发的土地整治对土地持有人来说，能带来一定的利益。但是，自愿试点项目通常在规定的发展框架内实施，且参与度低，部分原因是土地登记中有一些法律没有规范清楚的问题。因此，不管是国家层面的对土地持有人的强制性实体立法，还是其他相关合法机构来说，自发性的土地整治能达到的效果非常有限。这一点与中国的农地整治有着类似之处，由于农村土地登记制度的滞后，产权归属不明晰，影响了农民自发进行农地整治的意愿。

塔帕（Thapa，2008）以尼泊尔农地整理实践作为研究案例，基于利益相关者视角研究了包括农民在内的不同利益相关主体的行为对农地整理项目绩效的影响，并指出农地整理的实施必须要满足各相关主体的不同需求偏好，具体可通过农民、社会精英、政府管理者、专业技术人员等主体之间的结构化或半结构化访谈及小组讨论来实现。

尼尔斯（Niels，2015）研究了基于土地整治契约基础上的新的治理模式，主要利用交易费用理论探讨在国家与公民、利益相关者之间互不信任的情况下，如何通过契约方式提高效率。基于"双重能力陷阱"重点讨论三个问题：（1）农地整治要反映偏好，明确列出内容。通过完善土地管理，明确整治目标区域，明晰模糊的产权、土地整治的资金、土地管理与相关领域的合作，其中，最具挑战性的是如何把专业规划从强制变为协议。（2）在现有条件下如何进行项目投资。这需要建立成本收益边界，土地所有者与政府的互不信任会增加交易费用。（3）在强制实施农地整理项目中如何达成协议。和传统的实施模式相比更能弥补政府能力的有限性，公众在与政府协议治理的过程中贡献自己的当地知识和经验,使得项目的科学性和民主性更高,因而项目的效益也更高。

台湾学者萧景楷(2016)梳理了国外的农村规划和治理的模式,认为赞比亚、南非等国家在农村规划和治理中都经历了"由上而下"到"由下而上"的过程,而这种变化主要是由于国家的蓝图计划从中央转移到地方的过程中,会因为地方组织缺乏能力而出现断层,导致规划实施的效果不尽如人意。而中国台湾地区的农村再生规划的治理模式也存在这种趋势。台湾的农地重划从1987年就随着农村社区更新开始实施,近十多年更是与农村再生规划相结合,治理模式也随之变化。现有的"由下而上"的再生规划推动策略,是以农村社区居民为主题,结合农业生产、产业文化、自然生态等发展需求与资源条件,确立未来发展共识,并构建中央与地方政府分工合作及督导机制。这就使台湾的农地重划可以符合农村社区居民的需求,并能够做到农地重划因地制宜。

由于我国大陆地区大规模进行农地整治的时间只有十几年,加上治理理论发展的时间也不长,因而从治理视阈对农地整治进行研究的时间大致追溯到21世纪初。学者们大多从土地整治的组织形式角度进行研究,结合农村实践模式,描述土地整治中的治理要素及其效果。

鲍海君(2004)提出在土地整理项目规划中,成立"由独立于行政组织之外、关心土地整理事业的公众组成的团体"(与村集体经济组织、村委会等紧密结合),即公众参与的"民间组织"来作为公众参与的组织保障。

王瑷玲(2007)进行了关于"是否有必要成立土地整理农民组织,让农民自己决定土地整理事宜"的调查。调查结果显示:85%的被调查农民认为有必要成立土地整理农民组织,如果成立土地整理农民组织,50%的被调查农民选择愿意参加,38%选择不愿参加,但可以推选别人。

高明秀(2008)提出土地整理过程中应当成立一个土地整理联席会,其组成包括:由农民代表组成的民间机构、有关政府部门、村委、专家等，来共同决定土地整理全过程的所有事务。并设计了农民参与土地整理的组织路线图。该研究比王瑷玲的研究更加深入，提出了有一定操作性的共同治理架构。

毕宇珠（2009）将乡村土地整理项目中的参与主体分为三大类别：一是直接受项目影响的团体和个人。包括直接受影响的农业协会、村民及其他项目预期受益人等。他们一般生活在项目区域里，如产权直接受影响的团体和个人。二是受影响机构的代表，如受影响区域的各级有关政府领导、各级职能部门等。三是其他对土地整理项目感兴趣的团体，如新闻媒介、生态学、历史学、文物学等相关领域的专家。

刘向东（2011）的研究明确土地整理项目利益相关者的概念，构建了土地整理项目利益相关者共同治理的理论体系，并全面分析中国土地整理项目的内、外部环境，认为中国土地整理项目现行管理制度存在明显缺陷，难以防范机会主义行为和道德风险的产生。为此，作者认为基于利益相关者的项目共同治理模式是解决项目利益相关者之间利益平衡问题的必然选择。

与国外及台湾地区的农地整治项目的治理研究相比，我国大陆地区学术界对此的研究更多地停留在项目的组织形式上，且理论研究主要是从利益相关者角度进行探讨，研究的深度和广度还有待进一步发掘。

五　文献评述

从现有农地整治主流文献看，可以发现已有研究在农地整治模式、治理、产权和绩效评价的研究内容上各有侧重。（1）对农地整治模式的研究，国外主要着眼于产业结构和空间区域划分上的分类，而国内研究侧重农地整治的经济效益，因此模式的划分通常由土地整治项目融资模式、项目管理模式、经营模式和盈利模式等构成，也有不少研究基于地方实践，对现有的模式进行总结区分。但是鲜有研究从治理视角进行模式的归类分析。（2）农地整治绩效研究普遍从工程技术角度探寻，研究视角和研究方法都非常丰富。但是从制度视角的绩效研究并不多见，从经济学视角的绩效分析更是鲜有见之。而新制度经济学的理论很大程度上是以绩效提升为研究目标，因此，基于新制度经济学理论的农地整治绩效研究具有理论可行性。(3)农地整治产权研究内容较丰富，无论是理论分析，还是实践操作，国内外对农地整治的产权研究都是以尊重土地所有者需求为前提，注重土地所有者的权益保障。但国外的研究上升到一定的理论层次，运用博弈模型、资源配置模型等经济模型进行分析，而国内的大部分研究停留在对产权的厘清和描述分析上，理论建构分析还有待突破。(4)西欧国家对农地整治治理的研究主要集中在强制性和自发性农地整治模式的效果对比上，并重视对自发性农地整治契约的规范，认为自发性农地整治缺乏效率的原因在于土地登记制度的滞后。而国内对农地整治的治理研究多从治理主体和治理的组织形式上进行探讨，且研究的理论深度不够。部分学者也从项目的利益相关者角度进行深入发掘，与国外的利益相关者研究相同，建议构建共同治理体系。

综观上述农地整治的研究成果，农地整治研究多聚焦于项目实施的微观技术层面。国外相关文献对农地整治的研究侧重于整治流程科学化、整治前后的绩效对比、影响农地整治绩效的因素，农地整治权属调整研究更是精准的科学问题，甚至结合GIS研究权属调整也不鲜见。之所以其研究方向趋于工程化，稳定而明晰的农地产权是重要原因。即便是农地整治具有强烈的外部效益，由于土地产权较清晰，具备财产权所有的全部内涵——充分的占有、使用、转让、收益等权利。因此，农地整治问题更多地表现为技术障碍、利益相关者之间的博弈，甚至是政府与土地所有者之间的信任关系，很少涉及农地产权因素。也正是因为其产权明晰，农地整治模式的效率研究结果与中国大相径庭，与科层治理相对应的政府主导模式在一定程度上或许更优于市场模式，而这也得到部分学者的研究证实。国内的研究也紧随其后，虽然着眼于国情，从农地整治的农户参与、效率评价、投入与运行机制建构上都有创新研究，取得较大突破。但纵观这些研究，多从农户行为和意愿层面进行理论探讨，或者从项目实施的技术层面革新与完善，鲜有从制度层面，尤其是从新制度经济学理论着手剖析并比较不同农地整治的制度产权结构、治理形式、交易费用与模式选择。

新制度经济学是从产权结构、契约理论或交易费用角度研究资源配置率的，研究如何通过界定、变更产权安排，完善契约模型，创造或维持一个交易费用较低、从而效率高的产权制度与契约方式。通过对新制度经济学的文献回顾，可以发现新制度经济学的研究已日臻完善，土地制度问题研究越来越广泛地用到新制度经济学理论。当深入探究农地整治背后的制度逻辑时，农地整治问题的实质就能更完整地厘清。遵循新制度经济学的研究范式，把产权的思想应用到剩余控制权配置领域，就能解释为什么不同农地整治模式的效率会有所差异；为什么农地整治的治理组织形式会不同；为什么不同模式的农地整治交易费用有所不同；也能够揭示农地整治模式的本质。从这个角度看，就不难理解阿尔钦（Alchian，1965）所述："本质上，经济学是对稀缺资源产权的研究……一个社会中的稀缺资源配置就是对运用资源权利的安排……经济学的问题，或价格如何决定的问题，实质上是产权应如何界定与交易以及应采取何种形式的问题。"[①]

第三节 研究方法

1. 比较研究方法

本研究旨在比较不同农地整治模式的差异，以探寻农地整治中存在的问题，揭示农地整治模式运行规律，提高农地整治效率。产权研究比较农民自治模式和政府主导模式治理的内在核心，契约和委托代理研究比较两种模式的外在的治理形式，而交易费用研究比较两种模式的治理成本和绩效，农地整治模式选择也凸显两种模式在资产专用性和不确定性上对农民的影响。因此，每一个部分的研究都是定位于

[①] 何一鸣：《产权管制放松理论：验证于中国的农地制度变迁（1958—2008）》，中国经济出版社2011年版，第27页。

两种模式的比较，比较研究方法贯穿全文。

2. 实地调查方法

本研究的社会调查主要包括问卷调查和深度访谈。普通农户是调查主体，由于数量庞大，因此对其进行分层抽样调查，以保证样本的代表性。调查内容主要是收集农户对农地整治项目的主观评价，了解农户的权益实现状况，以及农户的农地整治意愿及模式选择意愿。而深度访谈的主要对象为项目区村组干部，目的是收集项目区的总体情况、农地整治流程、经费使用情况、农地整治纠纷处理，以及项目实施中存在的问题。研究中，笔者共选取湖北、湖南和广西3个省（区）进行实地调查，共收集有效问卷1041份。其中，湖北359份，湖南404份，广西278份。

3. 参与式农村评估方法（Participatory Rural Appraisal，PRA）

参与式农村评估方法是农村发展项目规划、实施建设和验收评价中常用的调查研究方法。本研究运用该方法，从农户视角分析确定导致农地整治效率低下的原因，探寻农地整治交易费用产生的主要原因，分析各阶段的评价指标。

4. 条件价值评估方法（Contigent Valuation Method，CVM）

条件价值评估方法是非市场价值评估中较重要，应用广泛的一种方法。本研究主要是分析农地整治项目实施中农户的支付意愿，尤其是农民自治模式中农户的集资意愿、监督意愿，以及农户参与项目时愿意得到的报酬或者补偿。

5. 计量经济分析方法

本研究主要应用因子分析法和Logit回归分析法。由于影响农地整治模式的交易费用因素比较多，而且影响因子之间可能存在多重共线性，所以利用因子分析法对模型中的众多影响因子进行归类。Logit回归分析依因变量的性质不同，可以进行变换。因变量为农户的满意度，利用多元定序Logit回归模型进行统计。当因变量为两个相互独立的农地整治模式时，则利用二值响应的Logit回归模型。

第四节　内容安排与逻辑思路

一　研究目标

本研究按照新制度经济学研究范式，基于治理研究视阈，依据产权理论、契约理论和交易费用理论，对农地整治模式进行全面系统的比较分析，以期阐释不同农地整治模式的运行机理，探寻完善农地整治模式、提高农地整治效率的有效策略。具体而言，研究旨在回答以下几个问题：

（1）农地整治产权的构成如何？不同农地整治模式的产权安排差异何在？在不同模式下，农地整治剩余控制权是如何进行配置的？

（2）从契约理论视角，不同农地整治模式的治理形式有何差异？不同的组织形式是如何影响农地整治效率的？

（3）不同农地整治模式的治理成本如何？不同模式下交易费用的差距何在？交易费用对农户选择农地整治模式有何影响？

二　研究内容

本研究从农地整治的产权安排、组织形式和交易费用三个层面，对目前典型的农地整治模式进行比较分析。

（1）农地整治模式归类与比较。根据我国农地整治模式多样化现实，针对常见的农地整治模式，从政策执行角度将其归类为"自上而下"的政府主导模式和"自下而上"的农民自治模式两类。基于治理理论，对两种模式的治理主体、治理权益状况和治理组织形式分别进行概述。

（2）农地整治的产权安排与治理逻辑。基于产权理论，对不同农地整治模式的产权安排进行分析。首先，从法律层面看，不同模式的农地使用权、处置权和收益权的执行都存在差距；其次，从经济学层面看，剩余控制权决定了剩余索取权，最终决定剩余收益的分配。

为此，运用博弈理论分析了不同模式下农地整治剩余控制权的配置情况，并进一步运用模型分析农地整治产权置于公共领域的租值消散过程。

（3）农地整治组织形式与不完全契约。基于契约理论，对两种模式下的治理形式分别进行探讨。由于契约的不完全性，农民自治模式下的农户间合作主要通过关系契约联结。而政府主导模式下存在多重委托代理关系，运用迪克西特（Dixit）的异质委托人共同代理模型对村干部的代理行为进行分析，揭示农地整治效率低下的原因。

（4）不同模式农地整治交易费用测量。结合产权安排经济模型，构建一个农地整治交易费用理论模型，从理论上对两种模式的交易费用进行比较。运用公共政策交易费用测量方法，对研究区域内两种典型模式的农地整治交易费用进行实际测量，找寻两种模式的交易费用差异。

（5）资产专用性、不确定性与农地整治模式选择。基于威廉姆森的交易费用理论，分析资产专用性、不确定性对农户的农地整治模式选择的影响，揭示影响农地整治模式选择的制约因素，为农地整治模式选择提供科学依据。

三　研究假设

古典经济学的分析都是以"人是自私的"作为研究起点，人们所有的选择都是由理性行为个体做出的，因此经济学是一门关于如何在资源稀缺条件下进行最优选择的科学。可见，理性经济人是古典经济学的重要假设。新古典经济学建立了局部均衡和一般均衡分析范式，但它通常只考虑价格和收入两个维度的约束条件，没有考虑交易费用，与真实世界有一定距离，故新古典经济人的分析范式有时难以解释真实世界中人们的行为转变。对该问题的解决需要用到新制度经济人的分析范式。

与新古典主义经济学的完全理性经济人假设条件不同，新制度经济学强调真实世界的行为主体的理性是不完备且有边界的。西蒙（Simon，1957）首先利用有限理性这一术语，说明决策者并非无所不知，而是在信息加工上存在实际困难。威廉姆森（Williamson，1985）继承了他的思想，提出具有机会主义倾向的"契约人"假说。他认为，收集、处理信息以及语言运用等认知不足会影响选择行为，契约人在签订和执行契约时会产生事前和事后的机会主义倾向。也就是说，新制度经济学的研究主体是具有机会主义倾向的有限理性行为主体。

所谓有限理性是指面对复杂的世界，在所有与合约相关的地方做到面面俱到是不可能的。因为有限理性的个体都试图实现收益最大化，但是他无法预期所有可能出现的事件，也没有这个能力。因此，不完全契约理论的出现就不可避免了。

机会主义，简言之，就是利用欺骗的手段进行自利的行为。由于契约执行中有些人会故意隐瞒偏好或者扭曲事实，因此并非所有的人都值得信赖。如果经济行为人是完全值得信赖的，则可以依赖不完全契约，但在现实中机会主义的存在，使得不完全契约的执行存在高昂的交易费用。

诺思（North，1990）在解释制度的变迁理论时，把意识形态和自愿负担约束等变量引入个人预期效用函数，建立更接近现实的人性假设模型。他强调意识形态对经济人的约束作用，因为信仰能提供给人们一种共同的世界观，从而使行为决策更为经济，所以他认为意识和信仰体系是经济人的研究基础。对经济制度变迁，诺思理解为"可感知的现实—心智—信念—文化—制度—政策—修正的可感知的现实"过程，且这个过程是循环往复的。可见，随着人们信念的改变，对制度的偏好发生改变，具有不稳定性。而人们做出选择的关键是自己的感知，即人们对所接受的信息的认知。

基于上述理论，本研究提出制度人假设。制度人满足两个条件：一是具有随个人信念而改变的不稳定偏好；二是具有机会主义的有限理性。在农地整治研究中，农民常常作为研究对象。显然，农民的特质符合制度人的条件。首先，农地整治通常是以村庄作为一个项目区进行，村庄中的农户受传统宗族信仰的影响，以及长期生活在一个共同的环境中，彼此相互了解，相互信任度高，因此在以农民为主体的农民自治模式农地整治中，信任是一个比较稳定的因素，执行不完全契约的交易费用不高。但是，在政府主导模式农地整治中，地方政府是项目实施主体，农民与地方政府通常会存在隔阂，信任就成为一个不稳定的影响因素，不完全契约的执行不太现实。可见，农户个体的偏好并不稳定。其次，由于农户的信息收集费用通常偏高，对农地整治相关信息往往并不了解，故难免对农地整治的认知不完全。而"搭便车"等机会主义倾向在农地整治中广泛存在，所以农民完全是具有机会主义倾向的有限理性行为主体。因此，制度人研究假设完全契合农地整治研究需要。

四 分析框架

本研究的思路遵循"总—分—总"的顺序进行。首先，从治理理论视阈对农地整治进行总体上的概述，阐述农民自治模式和政府主导模式在治理主体、治理权益状况和治理形式上的差异。

然后，基于产权理论、契约理论与交易费用理论，遵循"结构—行为—绩效"（SCP）研究范式，分别对两种农地整治模式的治理核心、治理组织形式与治理成本进行剖析，阐述不同模式在这三方面的区别：（1）产权理论用于阐释不同农地整治模式的本质，是治理的内在核心，从法律层面和经济学层面分别阐述了两种模式的异同，尤其是剩余控制权分配博弈结果的差异导致两种模式下的剩余收益分配不同；（2）基于契约理论，本书进一步剖析不同农地整治模式的治理形式，农民自治模式的组织运行依赖于农户间的关系契约，而政府主导模式是由多重委托代理关系链构成，委托人的目标不同，导致共同代理人行为偏差，降低农地整治效率；（3）农地整治交易费用则反映了治理成本，采用公共政策交易费用测量方法，结合典型案例，尝试性地测量了农户视角下的农地整治交易费用。

最后，从资产专用性和不确定性角度，探讨农民进行农地整治模式选择的影响因素，为提高农地整治模式的适应性提供科学依据。

研究技术路线如图1.1所示。

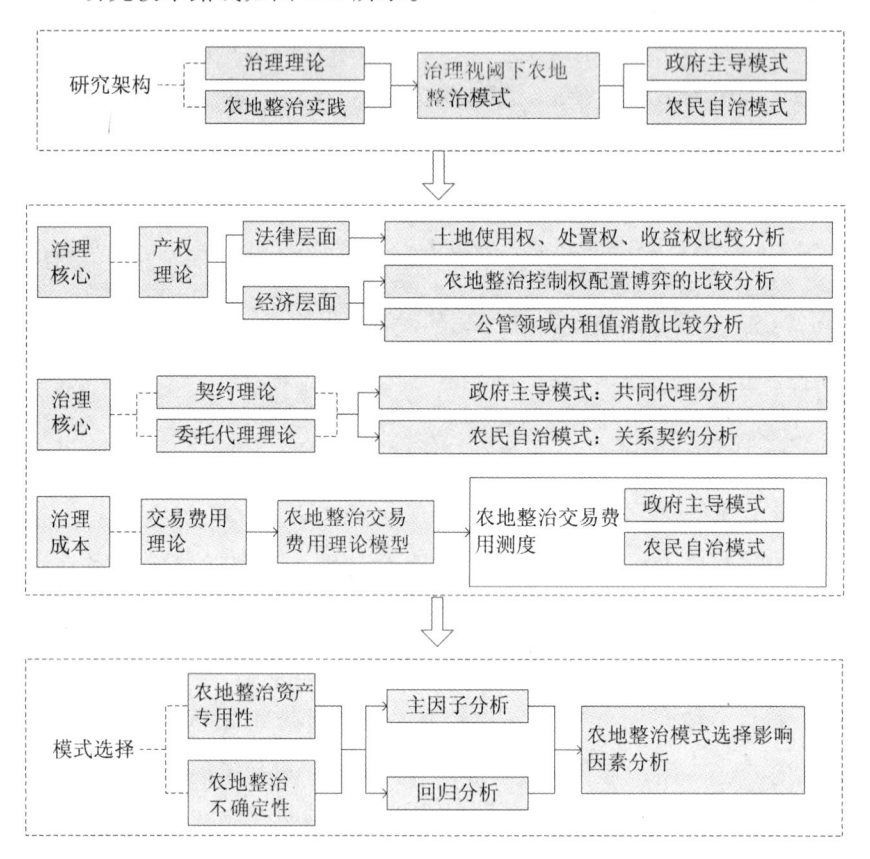

图1.1 研究技术路线图

第二章 农地整治模式研究架构：治理视阈

第一节 治理释义

自1989年世界银行首次使用"治理危机"一词以来，治理理论迅速风靡全球，并持续20多年。时至今日，"治理"一词依旧流行，各领域的学术研究均可见以治理为主题的观点。治理的兴起折射出世界经济发展的复杂性，也反映了公民需求和权益的变化。俞可平（2000）概括治理理论盛行的原因，"西方的政治学家和管理学家之所以提出治理概念，主张用治理替代统治，是他们在社会资源的配置中既看到了市场的失效，又看到了国家的失效"。这也就意味着，当资源配置出现失灵，政府的强力干预并非完全有效，从治理视阈寻求政府、社会和市场的平衡，或许是解决资源配置问题、提升资源配置效率的灵丹妙药。

治理（governance）一词来源于古希腊文和拉丁文，意为掌舵和引导或者操纵。治理的过程是一个组织或社会自我掌舵的过程，而这一进程的核心是沟通和控制。[①] 随着治理理论广泛应用于政治学、法学、经济学和社会学等学科领域，治理不断被赋予新的含义。治理理论创始人之一的詹姆斯·N.罗西瑙（Jammes N. Rosenau）将其定义

---

① 莱斯特：《新政府治理与公共行为的工具：对中国的启示》，《中国行政管理》2009年第11期。

为通行于规制空隙之间的那些制度安排,是一种由共同目标所支持的一系列活动。

治理理论的代表人物 R. 罗茨曾经归纳了治理的六种形态:(1)作为最小国家管理活动的治理,指的是削减国家开支,缩小政府规模以取得更大效益;(2)作为公司管理的治理,即指导和控制组织的体制;(3)作为新公共管理的治理,把私人部门的管理方法引入公共部门,将激励机制引入公共服务;(4)作为善治的治理,指的是一种有效率的、开放的、负责的及被审计监督的公共服务体系;(5)作为社会控制系统的治理,指政府与社会、公共部门与私人部门之间的合作互动;(6)作为自组织网络的治理,即建立在信任与合作基础上的自主且自我管理的网络。

在治理的各种概念表述中,1995 年全球治理委员会的定义具有很大的代表性和权威性。治理被界定为或公或私的个人和机构经营管理相同事务的诸多方式的总和。它是使相互冲突或不同利益得以调和并且采取联合行动的持续过程,包括有权迫使人们服从的正式机构和规章制度,及各种非正式安排。这些正式制度与非正式制度均由相关利益者同意并授予其权力。因此,治理应当具备四个特征:(1)治理不是一套规则条例,也不是一种活动,而是一个过程;(2)治理的建立是以调和为基础的,并不以支配为基础;(3)治理同时涉及公、私两个部门;(4)治理并不意味着一种正式制度,而确实有赖于持续的相互作用。

值得注意的是,与统治或管制含义不同,治理的主体并非仅为政府,并可能无须依靠政府的权威进行强制实行,譬如无政府的治理。俞可平(2000)认为,从本质上看,治理作为一种政治管理过程,与政府统治一样需要权力和权威,其最终目的是为了维持正常的社会秩序。一方面,管制或者统治的权威来自政府,而治理虽然需要权威,但这个权威并不为政府所垄断。治理行政是政治国家与公民社会的合作、政府与非政府组织的合作、公共机构与私人机构的合作、强制与自愿的合作。另一方面,权力运行的向度不一样。政府管制或统治的权力运行是自上而下的，它运用政府的政治权威，通过发号施令、制定和实施政策，对公共事务实行单一向度的管理。与此不同，治理则是一个上下互动的过程，政府、非政府组织以及各种私人机构主要通过合作、协商、伙伴关系，通过共同目标实施对公共事务的管理，所以其权力向度是多元的，并非纯粹的自上而下。社会力量构成的合作网络在治理中的作用日益增强，也可以通过正常途径，自下而上地对政府施加影响。

综合学者们对治理的阐述，可以总结治理的三个典型特征：(1)治理的主体并非唯一的，而是多元的，并强调管理对象的参与，强调政府对公民的服务；(2)重视国家与社会的合作，强调管理过程中自上而下的管理与自下而上的参与相融合；(3)治理要求管理手段和管理方式多样化，并注重市场机制的引入，还与私人部门、社会组织、市场等其他治理主体进行民主协商，合作共赢。既用正规的法律制度，也用非正式的约束方式实现对社会的管理。

第二节　治理模式

治理的逻辑结构与公共权力密切相关。公共权力最早表现为集权治理，权力集中于少数人手中，而分权治理是将公共权力依据性质和职能由不同人执掌。与统治强调权力的归属不同，治理重视权力的配置与运作，强调政府权威与公民社会的共同治理过程。[1] 随着西方政府治理改革，一些政府治理模式逐渐形成，其中，彼得斯与库伊曼的治理模式受到广泛关注。

B. 盖伊·彼得斯（B. Guy Peters，1996）提出四种政府治理模式：市场模式、参与模式、弹性模式和解制模式。[2] （1）市场模式。

---

[1] 徐勇：《GOVERNANCE：治理的阐释》，《政治学研究》1997年第1期。
[2] ［美］盖伊·彼得斯：《政府未来的治理模式》，吴爱明等译，中国人民大学出版社2001年版，第23页。

由于市场在资源配置中具有较高效率，将市场的激励机制、竞争机制引入政府的公共事务管理，充分发挥市场力量解决管理问题，其核心是公共服务市场化，实现内部管理企业化。（2）参与模式。包括员工参与和公民参与。员工参与是指政府工作人员对其工作组织决定的介入，鼓励员工在组织决策中充分表达自己的意愿，以便更好履行其职责。公民参与要求公众通过多种有效的方式，积极参与公共行政管理活动。（3）弹性模式。传统的韦伯式科层组织等级分明，具有规则化、非人格化和技术化等特点，容易造成机构臃肿、人浮于事、运转失调等问题。弹性模式要求政府保持弹性并具备应变能力，并根据环境的变化制定相应政策。有助于降低政府运行成本，符合公共利益需求。（4）解制模式。即赋予基层政府和工作人员更多的自由裁量权，公共行政以结果为导向，充分发挥社会力量在公共事务管理中的积极作用。为此，从两方面着手：一是政府机构内部解除繁文缛节和层级制约，提高工作效率；二是在中央与地方的关系上，强调地方治理，赋予地方更大的自主权。地方分权有利于地方政府的决策更符合实际，激发地方政府的主动性和创新性。

詹·库伊曼（Jan Kooiman，2009）指出，治理创造的结构或秩序不是外部强加的，它要依靠行为者的互动及多种统治来发挥作用，并根据场所的不同，将治理分为科层治理（hierarchical governance）、自主治理（self - governance）和共同治理（co - governance）三类。

1. 科层治理

科层制是建立在马克斯·韦伯（Max Weber）的组织社会学的基础上的，体现了德国式的社会科学与美国式的工业主义的结合。一般而言，科层制指的是一种权力依职能和职位进行分工和分层，以规则为管理主体的组织体系和管理方式。即它既是一种组织结构，也是一种管理方式。根据马克斯·韦伯的阐释，理想化的科层制具有5个特征：（1）专业化分工，组织内部成员有明确的职责范围，按分工原则履行自己的岗位职责。（2）等级制关系，组织内部官员职位按等级严格划定，上下级职权关系清晰，下级必须接受上级命令与监督。

(3) 规范化操作，成员间关系及组织运行都受规则限制，并按照规范进行操作。(4) 非情绪化决策，组织内部成员不得因个人情绪影响组织理性决策，公事与私事间的界限明确，以确保组织目标的实现。(5) 技术化激励，组织成员凭借自己的专长与能力获得工作机会，工作报酬与能力、职位、成绩挂钩，并分等级区别。但在实际中理性的科层制并不存在，尤其在组织规模庞大的情况下，科层制的运作瓶颈难以突破。

首先，科层组织结构是不可逆的。科层组织是建立在权力的层级结构基础上的，每个组织成员在层级结构中有其明确定位，各自的职责权限也非常分明，各司其职。这种等级严格、分工明确的组织结构有利于保证上级对下级的控制，使组织活动非人格化，在一定程度上避免了职责不清、相互推诿的问题。但是，组织运作高度依赖于不可逆的科层结构，组织对内外的沟通交流与管理经验的传承都建立在科层的权力结构上，思想固化，不利于创新。

其次，科层组织对外界变化弹性小。罗伯特·莫顿（Robert Merton，1992）指出，科层制旨在增强组织的可靠性和可预测性，在强调规定和权力控制时，有可能会诱发行为僵化、规避风险决策等，导致整个组织中个人和各级群体存在防御性态度，对外界环境的变化难以快速应对，缺乏弹性。而且，科层制实行控制所需要的授权会使各部门单位滋生狭隘的自我服务观念，并对整体组织绩效产生不利影响。

此外，科层组织的高层管理能力对组织发展起决定性作用。由于科层制强调等级与权力分配，下级对上级命令必须服从，因此高层管理合理性的强弱很大程度上决定了命令实施的力度与范围。科层制稳定运作的前提是组织成员认同高层的某种合理性，相同的价值观、共同的信仰体系才能让下级成员自愿服从上级的命令。合理性并不体现在事实的好坏之上，而是存在于成员是否认同它。一旦人们对合理性认同了，上级的命令都会得到遵从，但是当合理性退化或者消失，下级执行命令的实际效果将大打折扣。

2. 自主治理

自主治理是指行为人不依靠政府，通过自身力量来管理自己的情形。[①]（麻宝斌，2013）自主治理理论的中心是一群相互依存、具有共同利益目标的人把自己组织起来，自行实施管理，并通过自主性努力解决"搭便车"、逃避责任等问题，减少机会主义产生，以取得持久性共同利益的实现。对于自主治理问题，埃莉诺·奥斯特罗姆（E. Ostrom, 1988）在探讨公共池塘资源管理问题时，认为要解决三个难题[②]：

（1）新制度的供给问题。制度是工作规则的组合，包括禁止、允许或要求某些行为或结果的规定。规范的制度能够约束人们的行为，减少不稳定因素，继而保证工作的有序性，使所有人的收益增加。而制度的供给却是一个集体物品的提供过程，每个理性的经济人都期望免费确保自己的利益，存在"搭便车"的动机，从而减小群体解决集体困境的动力，导致制度供给失败。所以奥斯特罗姆认为实现自主治理必须先解决制度的供给问题。

（2）可信承诺问题。制度供给之后，公共资源的占用者在初始阶段可能会遵守制度，规范自身行为，但是当人们在知道违反承诺能获得更多利益时，经受不住诱惑的成员可能会违背承诺。外部强制通常用来作为解决承诺问题的方案，但是自主治理的群体中如何在没有外部强制的情况下解决承诺问题？奥斯特罗姆认为，人们必须激励自己或其代理人监督大家的活动，实施制裁，以便遵守规则。因此，可信承诺只有在解决了监督问题之后才能实现。

（3）相互监督问题。监督可以促使公共资源的占用者遵守规则，履行承诺。但是，若对违反规则的占用者进行惩罚，而惩罚结果的受益者是全体成员，那么监督就成为一种公共物品。众所周知，公共物

[①] 麻宝斌：《公共治理理论与实践》，社会科学文献出版社 2013 年版，第 32 页。
[②] ［美］埃莉诺·奥斯特罗姆：《公共事务的治理之道——集体行动制度的演进》，余逊达、陈旭东译，上海译文出版社 2012 年版，第 49—54 页。

品的提供难以避免"搭便车"现象，因此，自主治理中需要规避因"搭便车"动机而提供的监督行为。奥斯特罗姆总结几个成功治理公共池塘资源的案例发现，"许多自治组织自主设计的治理规则本身既增强了组织成员进行相互监督的积极性，又使监督成本变得很低"①，有些监督成本甚至是人们最大限度利用资源过程中的副产品。良好的监督能促使可信承诺的实现，因此有效的监督机制对于自主治理组织正常发挥效用至关重要，是自主治理过程需要重点解决的问题。

对比分析瑞典的高山草场管理措施、日本的传统公地管理办法以及西班牙的灌溉制度，奥斯特罗姆总结了这些成功的自主治理案例的特点，并概括了长期续存的自主治理制度的 8 条设计原则：(1) 清晰界定边界，即公共池塘资源本身边界应当清晰划定，且收益范围也要清楚界定；(2) 占用和供应规则要与当地条件相一致，即制定的规章制度要因地制宜；(3) 集体选择的安排，自主治理组织中绝大多数成员能够参与到制度的修改决策中，制度内容符合大多数人的意愿；(4) 积极的监督，组织成员可以在没有外部强制干预下彼此监督，信守承诺；(5) 分级制裁，违反规则的组织成员应该接受惩罚，且惩罚措施按照违规内容和严重程度分级处理；(6) 冲突解决机制，自主治理组织成员能够通过低廉的公共平台解决相互之间的冲突纠纷；(7) 对组织权的最低限度的认可，即自主治理组织内部设计的制度不受外界，包括政府的挑战，其权力的实施得到权威部门的认可；(8) 多层次的组织安排，自主治理组织内部制度的供应、监督及纠纷冲突的解决等活动能够在一个多层次的机构中整合组织。

3. 共同治理

学界对共同治理的概念界定比较多，通常是指来自多个部门（包括公共部门、私人部门和非营利部门）的一群相互依赖的利益相关者，为了共同目的而共同参与，并确保合作伙伴关系和制度有效协

---

① [美] 埃莉诺·奥斯特罗姆：《公共事务的治理之道——集体行动制度的演进》，余逊达、陈旭东译，上海译文出版社 2012 年版，第 114 页。

共同治理是跨越经济学、管理学、法学、社会学等学科的综合性研究课题。共同治理作为一种不同于单边治理的模式，得到了理论界的共同认同与重视，其理论基础是利益相关者理论。该理论认为，参与的利益相关者都是拥有专用性资产的主体，分别向组织机构提供自己的专用性资本。合作组织则是这些利益相关者缔结的一种合约，是治理和管理各种专用性资本的一种制度安排。共同治理应当平衡不同利益相关者的利益。利益相关者与组织机构之间的利益关系，可以是直接的也可以是间接的，可以是显性的也可以是潜在的。因此，利益相关者与组织机构之间是一种相互影响的关系。一方面，组织机构的行动、决策、政策会影响利益相关者利益；另一方面，利益相关者也会影响组织机构的行动、决策和政策。

虽然，不同领域对共同治理研究的视角不同，关注的内容也存在差异，但是不同领域的研究中对共同治理的特点有着相同的理解，蔡岚（2013）总结了共同治理研究的相通之处[①]：（1）共同治理有一个集体的、平等的决策过程。即组织内成员都有平等的参与决策机会和决策权力，保证每个利益相关者都能平等地表达其偏好。正如安塞尔（Ansell，2008）所言，"没有实质决策权的参与只是咨询或听证而已，并非共同治理"[②]。（2）共同治理侧重于用协商的方法解决跨区域跨部门的公共问题。协商是共同治理的应有之义，组织内成员通过共享信息，认真对待每位成员的意见，并在集体决策中综合考虑、相互理解、平等对话，从而做出符合绝大多数人的利益的集体决策。（3）共同治理是以共识为导向的。共同治理的目标是在众多利益相关者之间达成共识以满足多数人的需要，因此以共识为导向进行决策至关重要。相比科层制中自上而下的命令式的政策执行，共同治理中的参与

[①] 蔡岚：《合作治理：现状和前景》，《武汉大学学报》（哲学社会科学版）2013年第3期。

[②] Ansell C., Gash A., "Collaborative Governance in Theory and Practice", *Journal of Public Administration Research and Theory*, Vol.18, No.4, 2008.

者具有平等权利，达成共识是政策得以执行的唯一前提。

第三节　农地整治模式

一　农地整治模式内涵

"模式"的本义是指事物的标准样式，延伸到科学研究领域，是指运用系统论的方法对一定范畴内系统诸要素的构成或联系方式所进行的概括，即将系统内部的相互联系的若干元素，按照一定的关系（组合规律、构成方式）所组成的一定表现形式（张正峰，2006）。土地整治系统是一个由土地、劳动力、整治技术和资金等多种要素构成的相互联系、相互作用的综合体。在项目实施过程中，土地整治涉及多种环节，包括项目立项审批、前期动员准备、规划设计、组织实施、建设监管、权属调整等内容，其间不仅要制定各项规章制度、技术标准，还要协调各要素之间的关系。

可见，土地整治是一项系统工程，土地整治模式则是一个综合概念，学术界对其定义基本是从系统论思想着手。张正峰（2006）将土地整理模式界定为由特定的土地整理构成要素和自然地域单元耦合而形成的表现形式。高世昌、姚艳（2015）根据土地整治实施特点，将土地整治实施模式定义为，在一定时间和特定区域内，通过一定的组合规律，为实现特定的组织目标，把整治对象与实施主体、管理方式、资金投入、经营者的土地利用需求等多种要素进行有机结合，形成的具有一定外在表现形式与组合规律的土地整治实施方式。

本书将农地整治模式定义为，在特定的地域内，为实现特定的农地整治目标，按照一定的组合规律，将农地整治构成要素与自然地理要素耦合，形成的具有一定外在表现形式与组合规律的农地整治实施方式。农地整治项目一般分为立项审批、规划设计、施工建设和后期管护四个阶段。由于我国农地整治起步较晚，大规模开展该项工作也就是近十年时间，大部分项目的后期管护工作基本没有开展，或者正处于摸索阶段。因此，农地整治模式通常意指农地整治实施阶段的模式,仅包括项目的立项审批、规划设计和施工建设阶段,并不包含后期管护过程。本书所述农地整治模式亦指农地整治实施模式。

二 农地整治模式总览

国外开展农地整治实践的历史比较悠久,相关的模式研究也比较成熟,根据发展历程,主要经历了农地平整、村庄整治、建设用地整理、景观塑造和生态环境保护四个阶段。科埃略(Coelho,2001)按照农地整治功能,将农地整治模式分为农业主导型和产业带动型。克里森特(Crecente,2002)基于乡村空间重构,提出了改善西班牙乡村景观的城镇引领模式和村庄整合模式。

中国自20世纪90年代后期开展土地整治工作以来,该项工作从起步到全面推进、不断创新,其范畴、目标、内涵和模式等都发生了深刻变化[①],与其发展态势相适应,对农地整治的学术研究也正如火如荼地进行。近年来国内外在农地整治模式研究成果颇丰,主要集中在农地整理项目融资模式、项目管理模式、经营模式和盈利模式等方面进行归类分析。

李东坡等(2000)结合土地开发整理的实践总结出六种主要的土地开发整理经营模式:农户开发整理模式、社区组织开发整理模式、土地入股规模化经营的开发整理模式、专业的土地整理公司开发整理模式、政府组织开发整理模式、以产业化经营为主的土地开发整理模式。伍黎芝(2004)从项目融资角度探讨了BOT、PPP、土地基金和资产证券化这四种项目融资模式。张正峰(2007)则从整理项目区地域特征、土地利用类型、项目目标和运作方式等方面对土地整理模式分别进行了划分。基于价值链增值理论,邹利林等(2011)探索了农村土地综合整治产业化发展的盈利模式:"政府农户"模式、"企业农户"模式、"政府企业农户"模式、"村集体组织"模

[①] 郧文聚、杨晓艳、程锋:《大都市特色的农村土地整治——上海模式》,《上海国土资源》2012年第3期。

式和"企业"模式。朱欣（2014）则从农地整治主体角度将农地整治分为政府主导模式和农户主导模式两种。针对现有农地整治模式百花齐放的形势，姚艳、高世昌（2014）则从农地整治主体和内容的角度将农地整治模式分为"政府主导、部门联动""政府引导、村民自治""社会参与、市场导向""统筹规划、综合整治""增减挂钩、城乡互动""环境友好、生态整理"六种创新模式。

在具体的农地整治实践中，各地结合实际情况，摸索出一批行之有效的农地整治模式。早在2003年，浙江开始实施"千村示范万村整治"工程，将农地与村庄合并整治，进行综合治理，取得良好效果。湖南省提出"三结合三促进一聚合"的土地综合整治措施，以及河南省提出的"统一规划、集中布局、规模整理、分步实施"的土地整治思路都体现了全面建设、综合治理理念。而湖北省的农地整治目标集中在改善农业生产条件、建设优质高产农田上，主要有百万亩高产农田示范工程、仙洪试验区土地整理工程、百万亩低丘岗地改造工程、粮食主产区高产农田建设工程等一批重点农地整治工程。四川从2005年启动"金土地工程"，根据地形地貌、气候及耕作条件不同，将全省划分为自留引水工程模式、沟谷治理模式、紫色土治理工程模式等五种工程模式。这些农地整治项目实施中虽然在资金筹集、产业结合方面有一定的改革突破，但是项目实施主体均为政府部门。陕西省的农地整治则依托陕西省地产开发服务总公司，以产业化模式开展，创新运作机制，将项目规划设计、工程施工建设整体运营，形成独具一格的"陕西模式"。与众不同的是，广西壮族自治区的"小块并大块"和湖南省的"四自"农地整治模式从项目实施主体上进行革新，政府在农地整治过程只起协助作用，农民成为项目施工建设的主体，激发农民参与积极性，提高农地整治效率。

三 几种典型的农地整治模式

十多年来，国家在农地整治中投入大量资金，并初步构建"分级负责、政府主导"的工作机制，已形成多种模式交织并存的农地整治态势，有效提升农地整治绩效。2008年国土资源部就在《关于进一步加强土地整理复垦开发工作的通知》中要求"横向上实行政府主导、国土资源部门牵头、相关部门配合、企业竞争介入、农民参与的管理制度"，但有些地方政府的管理思维并没有转变，依然沿袭粗放的直线管理模式，农地整治效果很大程度上取决于项目负责人的管理水平和组织能力。与此相反，有些地方政府改变管理理念，将农地整治权利赋予农民，使其充分参与项目实施，极大提高农民的参与积极性，取得一定成效。现今农地整治机制依然在完善过程，缘于各区域地貌、土壤等耕作条件差异，以及人文风俗的迥异，农地整治模式仍在不断创新，纷呈复杂。

威廉姆森（Williamson, 1991）将一般的经济组织形式分成三类：市场、混合制和科层制，三者之间的区别在于不同的协调、控制机制和不同的适应变化能力。市场遵循的是极其法律化的方式——古典契约法，交易的特征是把契约法的规则严格用于讨价还价中。科层制遵循的是自制契约法，上级管理层对下级拥有市场所不具备的下达指令权。混合治理则依赖新古典契约法，交易双方保持自主，但契约受弹性缔约机制调节，在出现争论时求助于仲裁而不是法庭判决，显然混合制比市场更富有弹性，又比科层制更符合法律规范。从这个角度看，我国现行的农地整治都属于混合制，既没有完全的市场化，也不是严格的科层管理。

当前农地整治实行项目制管理，通过科层管理方式由基层向中央或上级政府申请项目，经审批同意后，中央政府通过"发包"方式将项目整体打包给地方政府实施管理，而地方政府则委托土地整治机构以招投标方式选聘项目施工单位，或者交由农村集体组织自行实施，或者以协议方式承包给现代化农业企业组织实施。由此可见，农地整治项目的立项审批、监督、验收环节执行的是科层治理模式，而具体到项目的施工建设过程又是按照市场方式管理，是介于科层与市场之间的典型的混合治理模式。具体到每一种模式，科层治理中的集权与分权程度、市场的自由与管制程度各有不同，这正是印证了威廉姆森所说的治理形式的核心在于适应性。这种适应性的衡量体现在农地资产专用性与不确定性的差异上，本书将在后面章节进行讨论。

从科层治理视角，农地整治项目绝大部分实行的是自上而下的运作模式，农民参与决策的程度较低。也有少数地方创新管理，采用农民自行组织实施方式，体现了自下而上的治理思维，显然此类模式中农民参与决策的程度较高。从市场化角度审视，农地整治项目的建设施工既有将项目整体转包的"陕西模式"，也有将部分工程项目分包给建设单位的一般项目模式。即使农民自发组织的农地整治，建设施工方式也大相径庭，农民可根据自身禀赋和耕地自然地理条件不同，选择投工投劳或者集资聘请施工单位进行建设，不一而足。为了更直观地比较各种农地整治模式，如图 2.1 所示，可从市场化程度和农民参与决策程度两个维度对五种比较典型的农地整治模式进行区分。

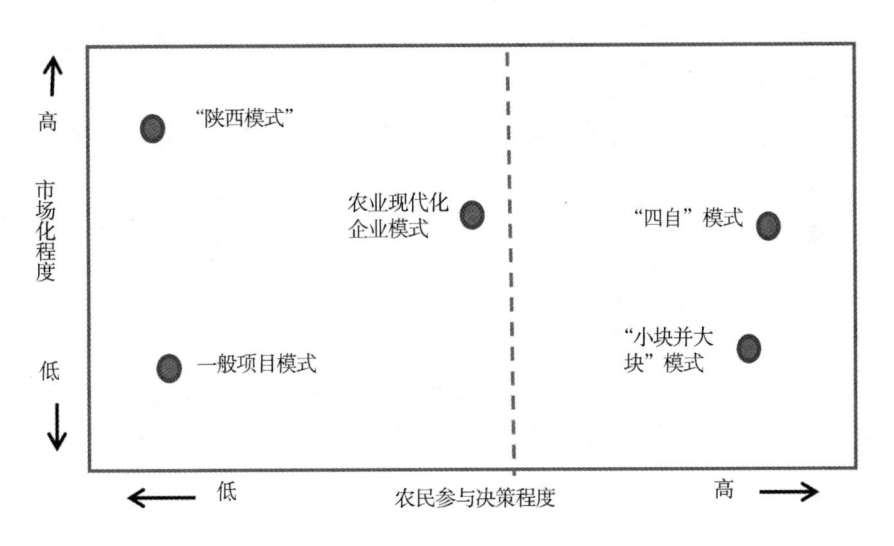

图 2.1 农地整治模式二维图

图中，纵轴表示市场化程度，从下至上市场化程度逐渐提高；横轴表示农民参与程度，从左至右农民参与程度逐渐提高。虚线左侧的农地整治模式农民参与程度较低，当前农地整治大部分项目实施类型都是属于农民参与决策程度与市场化程度"双低"状态，称之为"一般项目模式"。"陕西模式"的市场化程度较高，但是仍然在一定程度上受政府主导,农民参与决策的程度低。虚线右侧的农地整治模式农民参与程度较高,尤其是"四自"模式和"小块并大块"模式。

(1)"陕西模式"的特点在于充分依托陕西省地产开发服务总公司,由专业化企业承接农地整治项目工程,创新了融技术研发、工程设计与项目实施为一体的产业化运作新机制。该模式的运行机理是:政府负责审查土地整治项目可行性研究报告、规划设计方案和工程投资概预(决)算,并立项审批;企业建立完善的企业运营机制,负责工程监理,落实项目责任,在农地整治专项规划和同级农地整治项目库的指导下,选择项目并负责项目的可行性论证、规划设计和项目投资概预算,经土地整治管理机构批准后,负责承建农地整治项目,依据标准施工,对项目的施工建设全面负责,公司由此获得农地整治的直接收益和一定比例新增建设用地指标;而农户的参与主要体现在利用其地方化知识为规划设计与工程建设提供参考意见,并直接受益于农地整治对生产发展的促进效果。

(2)农业现代化企业模式是以市场需求为导向,引进社会资本参与农地整治。我国的农业产业结构是建立在家庭联产承包责任制基础上的小农经济,而现代农业发展模式是基于规模集约化生产基础上,以土地整治为契机,农地流转为依托,实现农业规模化经营。农地整治环节一般是由政府负责实施,项目完成后农民集体将土地流转给企业。也有的地方是在农地整治之前将土地集体流转给企业,由企业按既定比例出资,政府配合企业并给予资金补助,按照企业的需求进行整治。但是不管哪种整治方式,农地整治的实施依然以政府为主导,农民的参与有限。

(3)一般项目模式是应用最为广泛的。土地整治项目一般由政府部门或其委托的土地整治机构承担,将项目可行性研究和前期规划设计工作委托给具有相关资质的科研院校或企业完成。项目经立项批准后,通过招投标方式择优选取施工企业与项目承建单位,按照规划设计要求施工。项目竣工则由政府部门进行验收。该模式是当前农地整治采取的主要模式,除了项目建设施工环节引入市场竞争机制,从项目的可行性研究、规划设计到验收都由政府部门负责实施，可见政府部门既是"裁判员"，又是"运动员"。

（4）湖南的"四自"模式是指农地整治实施按照"自定、自筹、自建、自管"的思路开展，即让农村集体经济组织按照有关要求自定建设范围、建设内容和工程布局，自筹项目建设资金，自主组织实施，自主开展工程后期管护。[①] 在项目选址阶段，每位农户结合实际提出项目建设需求，经过集体商讨，筛选农户需求，明确项目建设内容和范围。可行性研究由省土地整治机构专业技术人员执行，进行科学测绘编制。项目规划工作由规划单位与农户对接，多方征求农户意见，在符合建设标准前提下尽可能满足农户需求，且规划设计的项目建设内容、布局及相关工程费用预算都须公示，并由农户确认签字。项目的建设资金由村委会作为项目业主单位负责筹集，可以由村民集资，或者以村集体名义向银行贷款作为启动资金。工程竣工验收后由政府财政部门拨付给村集体。该模式最大的特点就是项目的实施完全由村集体组织按照"包工不包料"的原则组织实施，对于能够自建的项目，由农户自行建设，而技术难度较大的工程则通过公开招投标方式选择施工单位。

（5）广西壮族自治区的"小块并大块"耕地整治模式与"四自"模式有异曲同工之妙，其工作核心是调动土地权益人自发整治的积极性[②]（左旭阳，2015）。有意向进行农地整治的农民集体召开村民大会，明确农地整治的范围和工程内容，落实投入资金。在调查明确农地权属的前提下，整治区域内全体农户签字并向当地政府提出农地整治项目申请。组织实施环节由项目区内农民和施工人员按照申

[①] 周同、曹湘潭：《湖南探索"四自"模式推进土地整治》，载国土资源部土地整治中心《土地整治蓝皮书：中国土地整治发展研究报告》（No.2），社会科学文献出版社2015年版，第226—227页。

[②] 左旭阳：《"小块并大块"实现耕地保护和农民增收》，载国土资源部土地整治中心《土地整治蓝皮书：中国土地整治发展研究报告》（No.2），社会科学文献出版社2015年版，第232—233页。

报工程内容和工程设计图进行施工建设，可采用投工投劳方式自行建设，也可由农民集体组织聘请专业施工单位承建，地方政府只是负责技术指导和服务。项目完工后由农民集体组织向当地政府申请奖补资金，经审核批准后地方财政部门将奖补资金拨付给参与自发整治的农户。

第四节　治理视阈下的农地整治模式

前文所述，詹·库伊曼（Jan Kooiman, 2009）将治理分为科层治理、自主治理和共同治理三类。科层治理模式是建立在权力的层级结构基础上的，等级严格、分工明确。从政策执行角度而言，通常由上层精英阶层制定政策，通过命令方式将政策逐级传达给下级政府执行，政策的执行遵循"自上而下"的规则。而自主治理模式则是一个由大众驱动的政策执行方式，成员在表达自己意愿的基础上，通过组织的汇合集中，通过民主表决方式自发实施管理，从成员意见到组织决策过程遵循的是"自下而上"的逻辑。农地整治的项目实施中也可区分为这两种治理方式，如图 2.1 所示的模式中，虚线左侧的农地整治模式基本符合"自上而下"的治理逻辑，倾向于科层治理模式，农民参与决策程度非常有限。本书将这种"自上而下"的偏向科层治理为主要特征的农地整治模式称为"政府主导模式"。虚线右侧的两种农地整治模式则属于典型的自主治理模式，农民参与决策程度较高，将其统称为"农民自治模式"。

一　政府主导模式

政府主导模式是遵循"政府主导、国土搭台、部门联动、聚合资金、整体推进"的机制，形成部门联动、齐抓共管土地整治工作格局的整治模式。[1] 根据当地的农业产业发展规划，基层政府组织向上级政府或者中央政府提出的立项申请，经批准立项后，地方政府国

---

[1] 姚艳、高世昌：《农村土地整治模式创新探析》，《中国土地》2014 年第 5 期。

土部门作为项目业主，将项目全部或者部分委托给施工企业或农业现代化企业，并对项目的实施建设过程进行管理、监督和控制，而项目区农户主要配合农地整治工作，处于被动接受状态。

1. 政府主导模式实施流程

前文所述的"陕西模式"、农业产业化模式和一般项目模式都是属于政府主导模式，虽然市场化程度存在差异，但是在一定程度上符合"自上而下"的科层治理特点。其中，一般项目模式具有普遍性，实施范围广。与一般项目模式不同的是，陕西模式的可行性研究、规划设计与施工都是由陕西省地产开发服务总公司统一实施，实现勘测、规划、设计、实施、监理、技术研发一体化。农业现代化企业模式则在施工建设环节由企业自行负责实施。总体而言，这几种模式都遵循"自上而下"的操作流程，在一定程度上按照科层模式逐级审批实施，但并非完全的科层治理，农户的参与非常有限，因此他们本质上属于政府主导模式。

湖北省近些年大规模开展农地整治工作。大都采用一般项目模式操作，是典型的政府主导的农地整治模式。下面以湖北省的农地整治为例，阐述政府主导模式的实施流程。项目实施主要由项目选址立项、规划设计、施工建设与竣工验收三个阶段构成（如图2.2所示）：

（1）项目选址立项。乡（镇）基层政府依据土地利用总体规划及农业产业区划，拟定备选项目区域范围，由县国土局上报省国土资源厅审核，经批准后计划和预算下达至县国土局。县国土部门通过招标方式选择项目测绘与可行性研究单位，并签订委托协议。科研单位组织人员前往项目区进行实地踏勘，主要是确定权属界线，绘制地形图，编制可行性研究报告。县国土局组织农业、水利、交通、财政等部门专家及基层政府和农民代表，对项目立项方案进行初步评估，并向国土资源厅提交立项申请，经专家评审后，国土资源厅最终确定立项，批复至县国土局。

（2）规划设计。县国土局以公开招标方式遴选规划设计单位，

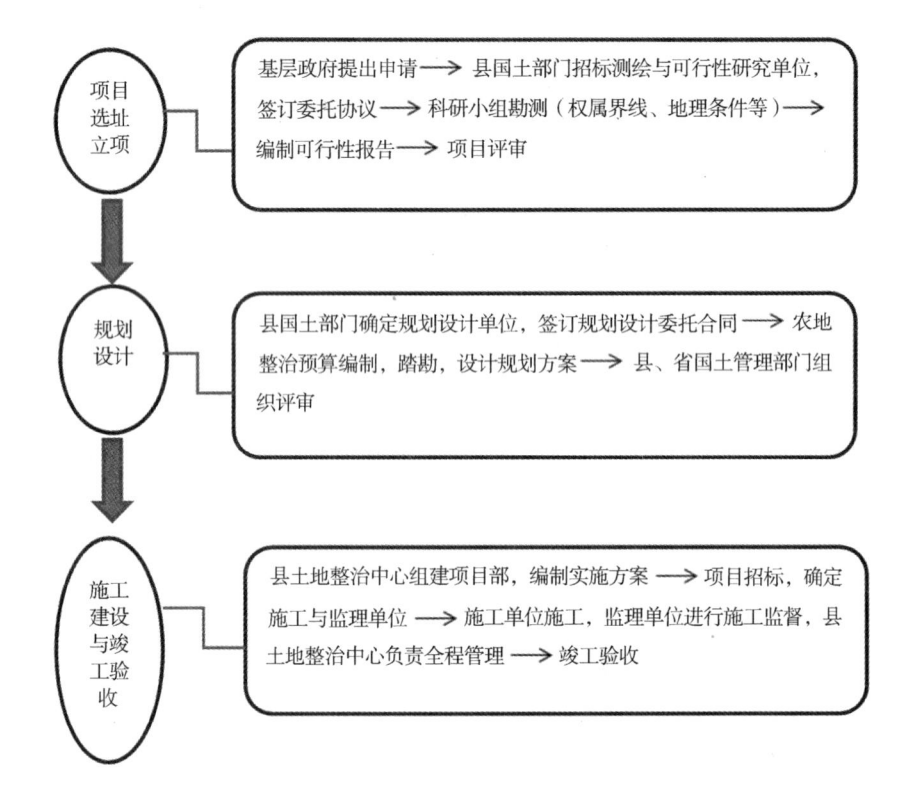

```
┌──────┐
│ 项目 │──┬─→ 基层政府提出申请 → 县国土部门招标测绘与可行性研究单位,
│ 选址 │  │   签订委托协议 → 科研小组勘测(权属界线、地理条件等)→
│ 立项 │  │   编制可行性报告 → 项目评审
└──────┘  │
    ↓
┌──────┐
│ 规划 │──┬─→ 县国土部门确定规划设计单位,签订规划设计委托合同 → 农地
│ 设计 │  │   整治预算编制,踏勘,设计规划方案 → 县、省国土管理部门组
└──────┘  │   织评审
    ↓
┌──────┐
│ 施工 │
│ 建设 │──┬─→ 县土地整治中心组建项目部,编制实施方案 → 项目招标,确定
│ 与竣 │  │   施工与监理单位 → 施工单位施工,监理单位进行施工监督,县
│ 工验 │  │   土地整治中心负责全程管理 → 竣工验收
│ 收   │  │
└──────┘
```

图 2.2 政府主导模式实施流程

并签订规划委托合同。规划设计单位前往项目区踏勘调研,征询农业、环保和水利等部门及村民代表的意见,形成规划设计方案,并编制项目预算报告。县国土局进行初步评审后报省国土资源厅组织专家再次审核,审核通过后由省国土厅联合财政厅下达批文。

(3)施工建设与竣工验收。该阶段包括项目组织机构设立、施工招投标、施工建设和竣工验收四个环节。县政府成立领导小组负责项目管理,县土地整治中心组建工程指挥部,编制项目实施具体方案。由县土地整治中心以公开招标方式遴选施工及监理单位,并签订合同。然后施工单位按照规划设计要求进行施工,监理单位对项目施工全程进行监督,土地整治中心则负责项目实施进度和资金使用管理。工程建成后,施工单位向县国土局提交竣工验收申请,县国土局初步验收后,由省国土资源厅组织专家进行验收。工程通过验收后即可投入使用。

2. 政府主导模式的治理要素

（1）治理主体。从政府主导模式的实施流程可以看到，治理的主体是政府部门。作为投资主体，政府部门对项目建设投入资金以提供农村公共物品；作为项目业主，政府部门负责项目的选址立项、规划设计、施工建设与竣工验收等一系列工作。农地整治项目涉及的政府部门众多，包括省、市、县区、乡镇等各级政府机构，以及各级国土资源管理、财政、农业等职能部门。而作为农地整治最密切相关的利益者——农民，仅在项目选址立项与规划设计阶段能够部分表达意见与建议，农地整治项目实施过程参与的机会非常有限，且大多为被动参与。

（2）治理的权益状况。农地是农民集体所有，是农地整治的核心利益人，但是在政府主导模式下，农民却对农地整治缺乏应有的权利，农地整治项目是否立项、如何规划设计、怎样施工这些关键问题的决策，农民都是形式上的参与，甚至是无法参与。因此，农民在农地整治中该有的权利，包括知情权、话语权、参与权、监督权和决策权都难以体现。虽然政府部门全过程对农地整治进行质量控制、监督与管理，但是政府也是理性的"经济人"，有其自身利益，当其利益与农民利益出现冲突时，农户参与的缺位将导致农地整治项目偏离农户需求，损害农民利益。此外，地方政府拥有农地整治的决策权，实质上是以强权方式将农地整治这一公共物品的配置权利置于公共领域，容易诱发各利益相关者的利益争夺，并导致腐败滋生。

（3）治理的组织形式。政府主导模式属于典型的科层治理，各级地方政府之间、地方政府与隶属部门之间严格按等级划分。项目的立项审批从乡镇基层政府开始逐级上报审核，项目的实施过程则依照"自上而下"的顺序逐级赋权开展，各层级、各部门的职责界线清晰。治理过程遵循契约法，规划设计单位、施工单位与监理单位都是地方政府通过招标方式遴选，并签订合同。地方政府与各企业之间的关系为委托代理关系，而各级地方政府之间也存在委托代理关系。省国土资源厅批准项目立项后，作为委托人将项目的实施工作委托给县政府，而县政府将项目再次委托给县土地整治中心，则土地整治中心以项目法人身份直接负责项目施工的监督管理与资金使用。

二 农民自治模式

农民自治模式是指农村集体经济组织向国土管理部门申请农地整治项目，经当地国土管理部门审查同意后，开展项目规划设计与报批工作，再由农村集体经济组织负责实施的模式。[①] 该模式中农地整治的实施并不依靠政府，而是自行管理或者由农民选取的代理人代为管理，代理人通常以专业合作社、耕地保护协会或者理事会等形式出现。由于农地整治存在较大的外部效益，属于准公共物品，因而农地整治资金主要来源于国家财政拨款，即使农民自治模式的实施建设过程不依赖于政府，项目的立项依然要通过行政审批方式逐级申请审核。因此，农地整治立项过程体现为层级管理，而项目的实施建设却表现为自主治理，项目施工建设中农民完全是主动而为，具有较强的积极性。

1. 农民自治模式实施流程

当前农地整治中，比较典型的农民自治模式主要有湖南省的"四自"模式和广西壮族自治区的"小块并大块"模式，两种模式的实施流程基本一致，现将两者的流程结合起来，以了解农民自治模式的实施过程。如图2.3所示，农民自治模式主要包括申请立项、方案制订与规划设计、施工建设、权属调整、奖补资金拨付五个阶段。

（1）申请立项。有意向开展农地整治的农民集体经济组织召开村民大会，广泛征求项目区内农地承包户的意见，商讨并确定农地整治实施区域和整治内容，落实资金来源。调查项目区内各农户家庭承包地面积、四至，以及承包经营权情况，农户予以确认签字，并在项目区公示。在明晰农地权属的情况下向当地乡镇人民政府提出农地整

[①] 姚艳、高世昌：《农村土地整治模式创新探析》，《中国土地》2014年第5期。

第二章 农地整治模式研究架构：治理视阈

```
申请立项 → 召开村民大会，征求意见，确定农地整治实施区域和整治内容，落实资金来源 → 调查项目区内各农户家庭承包地情况 → 向当地乡镇人民政府提出农地整治申请 → 登记备案

方案制订与规划设计 → 提出农地整合方案、权属调整意见，经会议讨论，获得三分之二以上村民代表同意通过即可作为实施方案 → 报送乡镇人民政府备案 → 规划设计（自行规划，或者聘请规划设计单位进行）

施工建设 → 集资，落实资金 → 农地整治理事会和村委会自行组织项目施工（投工投劳，或者招标聘请施工单位）

权属调整 → 农地整治理事会征求农户意见，确定地块分配起点 → 抽签法确定农户选地先后顺序 → 土地分配 → 绘制地图 → 签字认可

奖补资金拨付 → 提出奖补资金申请 → 上报县级国土资源、财政、农业部门进行审查 → 乡镇人民政府就奖补情况予以公示 → 奖补资金拨付
```

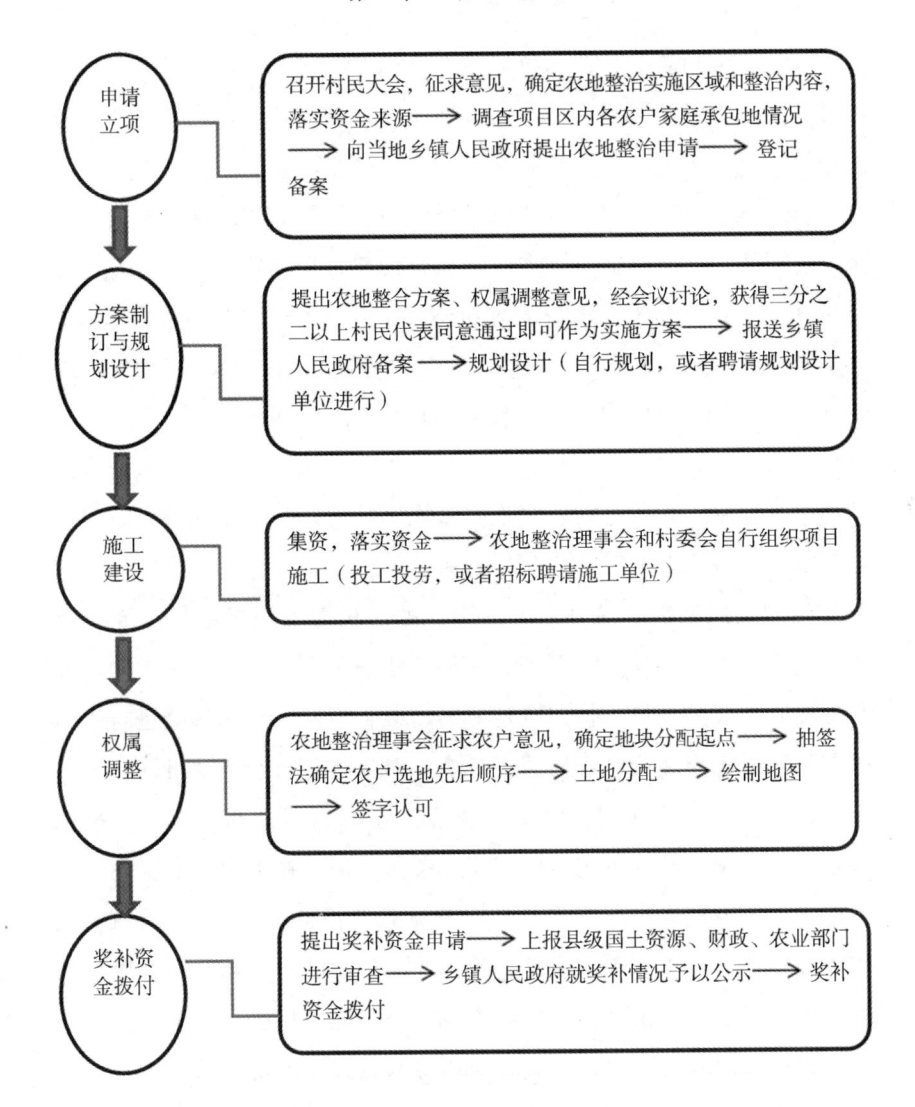

图 2.3 农民自治模式实施流程

治申请。乡镇人民政府组织乡镇国土所、财政所、农业服务中心等对项目区域内的情况进行核实，出具同意实施意见，并报送县土地资源、农业、财政等部门登记备案。

（2）方案制订与规划设计。方案制订包括农地整合方案和权属调整意见。农民集体经济组织召集农户开会，按照自己的实际情况提出农地整合方案和权属调整意见，经会议讨论，获得三分之二以上村

民代表同意通过即可作为实施方案，并报送乡镇人民政府备案。规划设计则由农地整治理事会按照实际需求自行规划，或者聘请规划设计单位进行。

（3）施工建设。项目区内农户根据自己拥有的农地面积按比例集资，或者以村集体名义向银行贷款作为项目启动资金。农地整治理事会和村委会自行组织项目区内农民按照申报工程内容和工程规划设计图进行施工建设。对于工程技术难度小的项目，如田间道路修建、耕地平整，可以由农户以投工投劳方式自行施工建设。对于工程技术难度大或者工程量大的项目，如沟渠等水利设施，则需要通过公开招标聘请专业施工单位进行。当地乡镇人民政府、县国土资源、农业和水利部门负责相关施工技术指导和服务。

（4）权属调整。项目施工完毕，由农地整治理事会征求农户意见，确定地块分配起点，采用二轮抽签法确定农户选地先后顺序，并从分配起点开始测量，按照既定方案，结合不同农地的等级进行土地分配。调配完成后绘制好地图，各农户对地块进行签字认可。

（5）奖补资金拨付。农民集体经济组织以行政村为单位，按照农地整治以奖代补政策规定的程序和条件，向乡镇人民政府提出奖补资金申请。乡镇人民政府出具初审意见后上报县级国土资源、财政、农业部门进行审查，确认农地整治面积、工程数量及内容、奖励标准等。审查通过后，由乡镇人民政府就奖补情况予以公示。公示无异议后，由县财政部门将奖补资金拨付给参与自发整治的农户。

2. 农民自治模式的治理要素

（1）治理主体。作为农地整治的核心利益人，农民成为该治理模式的主体，从项目选址申请到规划设计、施工建设都是以农民的实际需求为导向，符合农民的利益目标。由于农地整治是农户自发开展、主动而为，因而农民参与农地整治的积极性普遍高涨，甚至不少农户愿意无偿参与到农地整治管理工作。地方政府在该模式的运行中承担着部分管理职能，例如项目审批、资金拨付审核，但更多体现为服务职能，为农地整治规划设计与农地权属调整提供面积丈量、工程技术指导等服务，与公共服务型政府的职能相适应，也与政府一般利益相关者的角色相契合。

（2）治理的权益状况。从农民自治模式的实施流程可以发现，农民在农地整治公共事务的决策中享有充分权利。农地整治立项阶段的立项决策、实施方案的制订、权属调整方案的制订与实施过程，都采用召开村民大会的方式集体表决，而且每位农户都能表达自己的利益诉求，保证了农户的决策权、话语权和知情权。农地整治项目施工建设中，农户投工投劳的方式既节约了生产成本，同时也有利于农户之间的相互监督，使农户的监督权得以体现。政府在该模式的实施过程主要充当协调人角色，对农地整治规划单位和施工单位并没有选择权，农地整治资源不被公共权利俘获，缩小了农地整治公共领域的范围，有利于资源的合理配置，维护农民的合法权益。

（3）治理的组织形式。自治侧重于强调群体、地域或集合个人对公共事务的自行管理或由民选代理人的代为管理，即"不需要外部力量的强制性干预，社区各种利益相关者习惯于通过民主协商来合作处理社区公共事务，并使社区进入自我教育、自我管理、自我服务、自我约束的过程"[①]。在中国农村，村庄社会关联体现为"差序格局"，人们之间的关系是以个人为核心的网络化结构，每个人所处的位置不同，家庭和宗族成为解决公共事务的功能性组织，形成一个双层的基本认同与行为单位。当"自上而下"的国家行政权力没有干涉自发性的农地整治项目时，以法律关系为主要内容的正式规则被忽略，取而代之的是以文化传承为基础的非正式规则。传统的家庭、宗族制度与现代的农民集体经济组织相结合，产生的农地整治理事会就成为处理农地整治事务的权威组织。人们合作的基础是对称的信息、对方是否值得信赖，而传统村庄中的农户长期生活在一起，对关系网络中成员的信息、承诺有着深刻的理解，当彼此相互认同时，自

---

① 徐勇：《论城市社区建设中的社区居民自治》，《华中师范大学学报》（人文社会科学版）2001年第12期。

我履约协议就能顺利达成。因此，农民自治模式的农地整理是以关系契约为基础的。

（4）自主治理的难题解决。奥斯特罗姆在探讨公共池塘资源的自主治理时，强调制度实施中要解决的三个关键问题：制度供给、监督和可信承诺，而农民自治模式实施效果较好的项目区，在制度模式过程中一定程度上解决了这三个问题。

首先，通过集体民主协商方式探索出适合农民实际需求的农地整治流程，尤其是土地权属分配方案的形成。笔者在湖北省调研发现，部分项目区的农地整治完工后处于搁置状态。究其原因，农户参与率低，村庄属于分散型，难以形成一致同意的土地权属分配方案，而政府也无计可施，故农地权属调整工作举步维艰。与此相反的是，广西龙州县的农户在农地整治前期动员阶段，就召开村民代表大会，集体商讨可行的农地整治方案和土地权属调整方案，民主表决通过，为后续工作的顺利开展提供了切实依据。这些方案制度的产生并非政府或专家提供，而是农民根据自身需求和当地传统习俗逐步摸索出来，践行了制度的因地制宜原则，完美地解决了制度的供给问题。

其次，农地整治工程质量是农户普遍关注的，而施工建设期间的监督无疑关系到工程质量的优劣。在投工投劳进行耕地平整和田间道路修建过程，每一位农户都处于其他农户的监督之下，同时又能监督其他农户的工作情况，而且农户之间彼此熟悉，信息对称，能够有针对性地在劳作中相互监督。在这里，农户并没有额外投入附加资源进行监督活动，监督成为人们工作的副产品。因此，监督成本比较低。当然，部分技术难度大的工程需要聘请专业施工单位建设，施工监督工作则委托农地整治理事会有偿承担。由于理事会成员是农户民主选举产生，值得信赖是其共同特点。基于理事会成员们在村庄的声誉、地位考虑，且施工质量关系到自己的切身利益，理事会成员通常会认真履行其职责。该监督方式相较于聘请监理单位的成本要低廉许多。

再次，可信承诺问题也是农地整治方案设计时考虑的一个重点。

奥斯特罗姆认为制定的准则应符合下列条件：(1)规定有权使用公共池塘资源的占用者；(2)考虑公共池塘资源的特殊性质和公共池塘资源占用者所在社群的特殊性质；(3)全部规则或至少部分规则由当地占用者设计；(4)规则执行情况由当地占用者负责人进行监督；(5)采用分级惩罚法对违规者进行制裁。当这些条件都满足时，人们就会做出适当、谨慎与可信的承诺。而且当大多数人做出同样的承诺，且该策略预计的长期净收益大于采取短期策略的预计的长期净收益时，人们就会遵守所做出的承诺。

显然，农民自治模式农地整治方案的制订符合上述准则。每一位农户都有权参与农地整治的机会，在项目立项的前期准备工作中就明确了每户的土地权属状况。农地整治方案与土地权属分配方案由村民集体会议形式商讨，并进行民主表决最终确定。即便少数农户在土地权属分配环节存在异议，也有事先制定的协商解决办法。譬如广西龙州的农地整治中，有少数农户的耕地在整治前属于优质土地，但是整治后抽签得到的耕地质量略逊，为公平起见，方案规定此类农户可在农地整治后从增加的耕地中获得一定比例的土地补偿，避免了纠纷产生。另外，农地整治能够改善农业生产条件，有效提高农业生产率，对农民而言具有长远收益，由农民集体协商制订的方案体现了农户的广泛需求，也代表了农户的可信承诺。

本章小结

从治理视阈寻求政府、社会和市场的平衡，或许是解决资源配置问题、提升资源配置效率的有效方法。治理重视国家与社会的合作，强调管理过程中"自上而下"的管理与"自下而上"的参与相融合。库伊曼将治理模式分为科层治理、自主治理和共同治理三类。

政府主导模式是遵循"政府主导、国土搭台、部门联动、聚合资金、整体推进"的机制，形成部门联动、齐抓共管土地整治工作格局的整治模式。以"自上而下"的科层治理为主要特征。项目实施主要由项目选址立项、规划设计、施工建设与竣工验收三个环节构成。治理的主体是政府部门，拥有农地整治的决策权，实质上是以强权方式将农地整治这一公共物品的配置权利置于公共领域，容易诱发各利益相关者的利益争夺，并导致腐败滋生。而农民在农地整治中该有的权利，包括知情权、话语权、参与权、监督权和决策权都难以体现。地方政府与各企业之间的关系为委托代理关系，各级地方政府之间也存在委托代理关系。

农民自治模式是指农村集体经济组织向国土管理部门申请农地整治项目，经当地国土管理部门审查同意后，开展项目规划设计与报批工作，再由农村集体经济组织负责实施的模式。属于典型的自主治理模式，农民参与决策程度较高。成为该治理模式的主体为农民，在农地整治公共事务的决策中享有充分权利。治理的组织形式以关系性契约为主。该模式在实施中解决了自主治理的三个关键问题：制度供给、监督和可信承诺。

本章从总体上概述了政府主导模式与农民自治模式的实施流程与治理要素，具体的分析将在后面的章节中阐述，从治理角度探析两种模式的产权关系、组织形式，并比较治理的成本——交易费用。

第三章 农地整治的治理逻辑:产权安排

产权理论强调,组织中的权利配置会对行为产生影响。[①] 尽管20世纪90年代末兴起的"超产权论"对产权安排之于企业资源配置效率的决定性作用表示质疑,但是对于产权安排对于组织治理的作用却是无可争议的。因为产权安排确立了实际控制组织的那部分人的地位,反映了组织中决策形成的立场来自何处,不仅影响了组织行为的交易费用、生产效率,还会对收益分配及组织成员的权力产生影响。反之,组织内部权利结构的变化也是为了改善具有控制权利的那部分人的福利。由此及彼,农地整治的产权安排必然会对项目实施效率产生影响,不同的整治模式意味着不同的治理结构和权力构成。政府主导模式和农民自治模式的产权安排如何?两种模式中的控制人如何进行博弈并分配产权?产权安排效果如何?在阐释产权基本理论的基础上,本章将对这些问题进行探讨。

第一节 产权及其相关理论

一 产权阐释

20世纪初,在讨论由外部性而引发的市场失灵问题时,经济学家庇古提出的解决办法是由政府干预,即向制造损害者收税对受损者

[①] [美]埃里克·弗鲁博顿、[德]鲁道夫·芮切特:《新制度经济学——一个交易费用分析范式》,姜建强、罗长远译,上海三联书店、上海人民出版社2006年版,第117页。

进行补贴，使外部性内部化。新制度经济学创始人科斯（Coase）在其文章《企业的性质》（1937）和《社会成本问题》（1960）中对此提出异议，他认为根治外部性问题的主要策略在于如何界定产权和如何实施产权，从而创立了新制度经济学。产权概念是科斯的重大贡献。科斯第一定律提出："在市场交换中，若交易费用为零，那么产权的界定对资源配置的效率就没有影响。"这个定律的含义是深刻的，甚至可以引申出"如果交易费用为零，任何社会制度的资源分配效率相同"的结论。因为交易成本必定大于零，科斯定律用反述的方式表达了产权界定的极端重要性。科斯（1937）认为产权是指一种权利，人们所享有的权利，包括处置某种物品的权利，是实施一定行为的权利。

阿尔钦（Alchian，1965）认为，产权是一种通过社会强制实现的对某种经济物品的多种用途的选择的权利。德姆塞茨（Demsetz，1967）认为，产权是社会的工具，是指"使自己或他人受益或受损的权利"。即可以把产权看作是一种行为权利，体现的是人和人之间的关系。产权不单单指生产资料，其含义远远超越了普通意义上"财产"的概念。巴泽尔（Barzel，1989）认为产权是由人们消费其物品、从这些物品中取得收入和让渡这些物品等多种权利所构成的一组权利。正是这些权利的界定，规定了人们在使用这些物品时"所引起的人们相互认可的行为关系或规范"[①]。

我国《西方经济学大辞典》将产权定义为一种通过社会强制而实现的对某种经济物品的多种用途进行选择的权利。并认为产权是一组包括占有、使用、改变、馈赠、转让和不受侵犯的权利，其有效性取决于对此权利强制实现的可能性以及为之付出的代价，即没有经过产权主体的许可或给予其补偿，任何人都不能合法地使用或影响那些

---

① ［美］埃里克·弗鲁博顿、［德］鲁道夫·芮切特：《新制度经济学——一个交易费用分析范式》，姜建强、罗长远译，上海三联书店、上海人民出版社2006年版，第424页。

产权不归其所有的物品的物质性状。

我国《当代西方经济学新词典》给出了类似的定义:"产权是一种通过社会强制性规范的约束得以实现的对某种经济物品的多种用途进行选择的权利。"本书倾向于刘凤芹(2015)对产权的定义:产权是人们通过对财产或者物品施加一定行为获得的权利,是一种行为权利,这种权利体现了人们之间在财产的基础上形成的相互认可的关系。

二 产权性质

1. 产权的概念比所有权更丰富

学者普遍认为,产权提高了分析的抽象层次,其概念比所有权概念更丰富细致,并且在经济领域中的运用范围更宽广。一般而言,所有权是对某种财产的一个整体权利,包括占有、支配、使用和收益等权利,且强调占有意义;而产权则是指包括使用、抵押、转让,或者占有某物品的一组权利,其中的每一项权利都可以单独行使,进行产权的不同重组。张五常(2000)认为,从经济学的意义上讲,所有权只是一个法律上的符号或归属,对经济资源的配置并不重要,重要的是谁拥有产权,或者说谁拥有某物品的控制权利。从这个角度讲,私人产权可以没有私人所有权,关键是要清晰界定私人收入权、私人使用权与自由转让权。当这三项权利清晰地落实到特定的人,就可以认为产权清晰了。

可见,产权和所有权的内涵不同,主要表现在三个方面:(1)权利的范围和归属不同。由于物品往往具有多方面的属性,要完全精确地度量这些属性进而清晰界定产权对于有限理性、信息不完备的人类来说成本极大,甚至不可能。这样,当对经济物品的权利界定和实施的边际成本超过了因此而产生的边际收益时,就必然会有一部分财富溢出,进入公共领域。这些无法界定的产权就被置于"公共领域",不属于所有权的范畴。真正的所有权是在技术可行的情况下,能被明确界定,而且可以通过法律程序明确其归属关系的那部分有价值属性的权利。① （2）权利主体的性质不同。所有权可以通过法律规范，归属于国家、集体或者个人，但是产权只能属于个人或者个人所组成的集体。比如城市土地为国家所有权，但是某个城市的产权只能通过中央或地方政府来实现。（3）权力竞争的领域不同。所有权依靠法律界定，因此权利竞争发生在立法阶段，而产权界定的竞争除了体现在立法过程，还会外延至公共领域，并且竞争最终导致租值消散。

2. 产权是一种制度安排，具有契约性

产权作为制度安排形式，有助于人们在交易过程理性地把握不确定性，使未来的不确定性在法律、社会习俗和惯例中得以控制或实现。虽然表面看来，产权描述的是人对于财产或者物品的所有权、收益权和控制权等权利，但是一旦产权得以界定和保护，意味着确定了产权的归属，也明确了产权的排他性，即产权不仅界定某人拥有或控制财物的权利，还蕴含着排除他人对财物的相关权利。从这个意义上说，产权更多地体现为人与人之间的关系，表现为以财物为基础、以契约为纽带的人与人之间的行为互动。譬如，某人拥有一套房子的所有权，但是当他将房子出租给他人时，意味着房子的使用权、占有权从所有权中分离出来转让给租户。此时，某人虽然拥有房屋的所有权，但失去了对房屋的部分相关产权。这种产权的转让是通过房屋租赁合同等契约完成，产权的赋予与转让具有较强的契约性。何种权利可以转让、如何转让、产权以何种形式实现由国家和地方的政策法规进行约束，体现为制度安排。

三 不完全产权的两个层面：法律产权和经济产权

科斯定理揭示了产权法律上的界定及其界定之后的资源效率，但法律产权只是产权在法律宏观层面的一种表现形式，产权的实质运行

---

① 罗必良：《产权强度、土地流转与农民权益保护》，经济科学出版社2013年版，第45页。

最终还是要落实到微观的产权主体行为上,即通过交易双方契约控制而导致的经济行为,因此经济产权的安排配置成为新制度经济学的重要内容。两相比较,法律产权着重的是国家立法规定对于特定主体对特定物质、资产权利合法性的重要性,而经济产权强调的是产权主体对物质、资产在实际经济运行中,通过直接消费或间接消费所获得的行为效用。① 由于现实世界中交易费用始终为正,法律产权的界定不会是完全的,经济产权的契约也不可能是完备的,这已被众多学者的交易费用研究证明与认同。对于物质资产而言,法律产权的未界定部分和经济产权未约定部分就会落入公共领域,引发利益相关者的产权争夺。

图 3.1 从法律产权与经济产权两个层面说明了产权的构成及其不完全性。从宏观的法律层面看,产权首先被分为两部分:被法律界定的和没有被法律界定的。譬如,土地的使用权、处置权和收益权能够从法律上进行界定,包括法律产权Ⅰ和法律产权Ⅱ两部分。法律产权Ⅲ不能被界定的原因主要是界定的技术难度高,或者产权未来发展的不确定性大而无法界定。但是能够被法律界定的部分又因为执行中交易成本过高或者其他原因,导致一部分已经被法律界定的产权(法律产权Ⅱ)无法充分行使,例如农户拥有土地的收益权却不能私自将土地转让获利,必须经村集体同意才能在规定的范围内转让。因此,即便是法律已经明确界定权属的产权,在执行中也会成为德姆塞茨(1972)所界定的"产权残缺",即完整的产权权利束中一部分权利被削弱或删除,从而改变产权主体对资产价值的使用预期和产权交易的具体形式。没有被法律界定的产权Ⅲ与被法律界定了但未能充分行使的产权Ⅱ最终会落入公共领域,成为无主的产权。

从新制度经济学视角看,产权是界定人们如何收益、如何受损的

---

① 李宁、董银霞、陈利根:《产权公共领域语境下的主体行为二重性与制度变迁研究》,《当代经济科学》2014 年第 3 期。

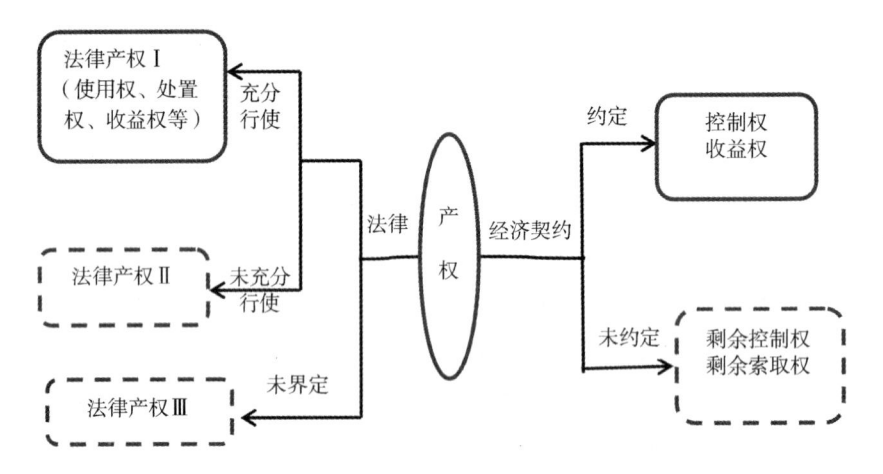

图 3.1　法律产权与经济产权

权利，因而谁必须向谁提供补偿以使他人修正所采取的行动。产权在此也是一种权利束，只不过只是由收益权和控制权构成。在经济学家看来，各种组织，包括企业是由各种要素组成的一组契约的联结。①由于人的有限理性、信息的不对称性和不完全性、外在环境的复杂性及不确定性、契约当事人或契约仲裁者无法证实或观察一切因素的影响，契约总是不完备的。正是因为契约的不完备性，在借助财产、物品和服务的让渡而进行的权利让渡中就会存在无法被契约规定的"剩余权利"，即剩余索取权和剩余控制权。对于人力资本之类的专用性很强的资产而言，其剩余权利很难被他人掠夺，但是对于物质资产或者资本资产，未约定的剩余控制权和剩余索取权就自然处于公共领域范畴，成为人们争夺的对象，造成租值消散。

由此可见，无论是从法律层面，还是经济契约层面，产权都不能完全界定，必然会存在一部分剩余的权利由于权利主体的缺乏而进入公共领域，引发利益相关者对剩余权利的追逐，致使租值消散。

---

① ［美］埃里克·弗鲁博顿、［德］鲁道夫·芮切特：《新制度经济学——一个交易费用分析范式》，姜建强、罗长远译，上海三联书店、上海人民出版社 2006 年版，第 184 页。

四 农地产权公共领域

巴泽尔（1989）的"公共领域"（public domain）概念作为一个重要的理论工具，是对产权配置效率研究的关键补充。产权公共领域理论的核心观点是由于各种原因导致产权不能完全界定，从而使产权处于公共领域之中，降低资源配置绩效。产权模糊、产权残缺、产权弱化、产权的削弱，都是对于产权公共领域的不同侧面描述。[①] 巴泽尔从产权界定的技术限制以及行为能力视角，界定了公共领域这一概念。由于交易费用的存在，任何权利的界定都是不充分的，未界定部分就形成产权公共域，公共领域资源的价值叫作"租"（rent）。

对于产权公共领域的界定，不同学者根据不同的标准进行了相应的划分。肖屹、钱忠好（2005）基于交易费用结合正常与非正常因素，将农地分为公共领域Ⅰ与公共领域Ⅱ。罗必良（2011）从技术、所有者、产权主体、行为能力、法律与政府行为等维度界定了产权的公共领域（Ⅰ、Ⅱ、Ⅲ、Ⅳ、Ⅴ），并对农地产权的公共领域进行区分：

1. 因土地属性复杂性导致的纯技术层面的公共领域（Ⅰ）

由于农地的自身地理位置、地形地貌等自然耕作条件限制，难以将农地产权完全厘清，例如耕作中农田水利设施的使用权、田间道路的通行权就无法从技术层面进行分割，从而产生农地产权的公共领域。

2. 因法律界定困难或法律规则不确定性而形成的公共领域（Ⅱ）

随着社会进步、市场分工细化与经营模式的改进，农地的家庭承包经营方式受到挑战，农业合作模式不断推陈出新，原有的农地产权法律未能有效界定农地流转和规模化经营范围，这就使得农地产权落入"法律真空"，成为众人争夺利益的公共领域。

---

① 罗必良：《产权强度、土地流转与农民权益保护》，经济科学出版社2013年版，第47页。

3. 法律歧视造成的公共领域（Ⅲ）

我国实行二元土地制度，农地向城市土地流转必须经由政府将农地征收后再流向土地市场，且农地城市流转是不可逆的，这就造成国有土地与农民集体所有土地之间的不平等，农地产权无形中受到歧视。土地一级市场为政府垄断，土地出让与农地征收之间的巨额利润就置于政府控制范围，形成公共领域。

4. 农民对土地权利的行为能力不完全引发公共领域（Ⅳ）

农民作为农地的所有者，能否有效行使其土地所有权取决于他们的行为能力。而作为理性"经济人"，农民行使其产权权利的同时必然考虑权益行使给他带来的收益与成本，若收益大于成本，则激励农民实现其应有权利。反之，收益弥补不了成本损失，农民则缺乏追求权益的动力，并会自愿放弃其法律权利，使该部分权利留在"公共领域"，成为利益相关者竞相争夺的权利。在农地整治实施中，若农民参与农地整治项目的交易费用过高，通常以消极态度应对，甚至对项目的实施不闻不问，直接放弃其参与、监督、决策等权利，使之置于公共领域。

5. 农民行为能力受约束而形成的公共领域（Ⅴ）

指农民具备行使其土地产权的行为能力，但是由于政府干预使其产权实施过程受到制约。譬如，地方政府在农地整治规划设计阶段未能征求农民意见、听取农民的设计方案，直接聘请设计单位按照一般经验规划设计，无意中将农民对农地的规划权利剥夺，并直接转让给规划设计单位。在规划设计单位尚未选择之前，该规划权利实际上被政府掌握，成为"无主产权"而留在公共领域，成为众多规划设计单位争夺的目标。

第二节 法律层面的农地整治产权：
两种模式的比较

张曙光（2012）从地权的角度分析产权，认为地权是一个复杂的结构，除了地面、地上和地下，以及种植和通过等自然的权利划分以外，其社会功能包括所有权、占有权、处分权、使用权、经营权和收益权等多项权能，它们之间也有交叉和重叠，通常主要分为所有权、处分权和经营权。三种权能既可以合在一起，也可以适当分离。罗必良（2013）认为农地产权是一个集合体，是由使用权、收益权和处置权（含转让权）三项子权利构成，且转让权的作用最为关键。可见，对于农地产权的划分都是一般意义上的区分，其中任何一项权利都存在可变化的形式，且能够划分得更细，从不同学者对农地产权的权利形态论述中即可佐证。至于农地产权有哪些具体的权项，随着农地制度的变迁，其权项呈现动态性和复杂性。另外，农地产权本质上是人们对农地资源的利用进行选择的权利，体现了人与人之间的权利关系，有些权利关系只能在某种特定场合才能把握，所以难以清晰地将农地产权进行细分，只能从一般意义上将各子产权进行归类。正如弗鲁博顿和佩杰威齐（E. G. Furubotn & S. Pejovich）所言："一项产权无论是私人、集体还是国家所有，都可以理解为以下权利构成，即使用财产的权利；改变其形式和内容的权利；通过出售转让其全部的权利；通过出租等方式转移其部分权利的权利。"[1]显然，这里所述的四项权利中，前两项描述的是使用权，而后两项则突出的是处置权和收益权。农地整治产权主要是指农地整治中土地使用权、处置权和收益权的集合，政府主导模式和农民自治模式的产权差异也体现在这三者的差异上。

一　土地使用权的独立程度不同

农地整治，又称农村土地整治，是根据规划对田、水、路、林、村进行综合治理，增加耕地面积、提高耕地质量、改善生产条件和修复受损生态的土地利用活动。从概念可以判断，农地整治的

---

[1] E. 菲吕博腾、S. 佩杰威齐：《产权与经济理论：一个近期文献的综述》，上海三联书店、上海人民出版社 2000 年版，第 5 页。

本质是土地利用活动，对应农地产权的使用权，即按照一定规则对土地加以实际利用的权利。我国农村现行土地使用制度为家庭承包经营制，承包经营者对所承包的生产资料享有占有权、使用权、收益权以及国家政策所允许的处分权，并独立行使经营自主权。通过家庭与集体的土地承包合约，农民获得土地使用权。农地使用权是从集体土地所有权中分离出来的权能，应当是一种独立的、受保护的产权，但在现行条件下，政府对农户存在大量干预，各级政府仍然保留了土地征收权、总体规划权、管理权等实际控制权，成为实际的农地产权主体之一，农地使用权并未成为独立的产权。[①] 具体到农地整治中的土地使用权，不体现为使用土地这项财产的权利，而是强调改变土地内容和形式的权利，以房屋装修作对比，农地整治就相当于给农地进行"装修"。房屋是否装修、如何装修取决于房屋的所有权人，只要在安全范围内他人不得干涉。但是在农地整治中，农地是否需要整治、如何进行整治，作为农地的所有权人——农民参与决策的机会少之又少。

在政府主导模式下，农地整治的选址立项并非农民自愿申请，而是地方政府根据当地经济发展情况综合考虑确定项目区范围，无疑地方政府的政绩目标也是选址的重要参考因素。当然，在前期准备阶段，基层政府会就农地整治事项与农民代表进行沟通，但是多数普通农户对立项工作一无所知，通常在项目施工阶段才获悉农地整治信息。农民未能参与立项决策，也鲜有参与规划设计，县土地整治中心作为项目法人，将规划设计工作委托给具有资质的规划设计单位，而设计单位在实地勘察中也是向部分村民代表了解情况，致使规划设计方案未能满足农户的多数需求。即使在农地整治项目施工阶段，农民参与项目的程度也比较低，且不论施工方案的制订与决策，大多数农民甚至未能参与工程的施工监督与评价。

[①] 张曙光、程炼：《复杂产权论和有效产权论：中国地权变迁的一个分析框架》，《经济学》2012年第4期。

课题组于 2013 年对湖北省孝感市、监利县和仙桃市等实施政府主导模式的农地整治项目区进行调研。为了解农户的权利实现状况，以随机抽样方式对 360 位农户进行调查，访谈内容主要为农民对农地整治制度、投资情况、项目的规划设计以及实施情况的了解程度，从而估算项目区农户的权利实现状况。研究发现，85.83% 的农户总体上对农地整治的知情权实现程度较低，仅有 1.3% 的农户对农地整治项目情况比较了解。在项目选址决策和施工方案制订方面，农户的话语权也得不到体现，如表 3.1 所示，24.17% 的农户少量参与项目选址，多达 72.78% 的农户完全没有参与项目选址工作。施工方案的制订过程也是如此，仅有 3.33% 的农户一般性参与方案制订，96.67% 的农户完全没有或少量参与施工方案的制订。在权属调整方案的制订过程，农户的参与率也非常低，5.0% 的农户一般性参与权属调整方案的制订，而 95.0% 的农户完全没有或者少量参与权属调整方案的制订。规划设计阶段的农户参与率稍微高一些，但是也只有 6.65% 的农户一般性参与，对规划设计方案提出意见和建议，93.35% 的农户完全没有或者少量参与规划设计。[①]

表 3.1　政府主导模式下农户在农地整治中的话语权实现情况

单位：%

项目内容	完全没有参与	少量参与	一般性参与
项目选址决策	72.78	24.17	3.05
施工方案的制订	86.67	10.00	3.33
权属调整方案的制订	83.06	11.94	5.0
规划设计	67.50	25.55	6.65

从整个农地整治项目的实施全程审视，不难发现政府主导模式下农民的土地使用权能丧失殆尽，使用权主体应有的知情权、话语权都难以实现，更无法保障所有权主体应有的监督权、参与权和决策权。

[①] 统计数据根据课题组成员谢雪群的硕士论文《农地整理过程中农民利益表达机制研究》中的调查数据整理而成。

显然，在农地整治项目实施过程中，本应归属于农民的土地使用权以"管理"的名义转移到地方政府手中，并通过招投标方式进一步转让给规划设计单位、施工企业和监理单位。虽然中央政府一再强调农民参与土地整治的重要性，但现实中作为产权主体的农民参与程度非常低，农户的权益难以保障。

农民自治模式在土地使用权的实现方面具有天然优势。"自治"的核心思想就是保持农民对农地整治事务处理的独立性。从农地整治项目的立项决策、规划设计，到项目实施方案的制订、实施和监督，都以村民代表大会方式集体商议，以民主投票方式进行表决，使农户都有机会表达自己的利益诉求，并充分参与项目，尽可能实现自身利益目标。课题组于2015年9月对广西龙州县农民自治模式的农地整治项目区进行调研，发现农户参与农地整治的情况较好，虽然不是完全参与，但是受访者的参与率高达67.4%。未能直接参与农地整治项目的受访者并非没有机会参与，其中没有参与的农户中44.4%的人因为没有时间参与；40%的农户由于对农地整治不了解，无法完成相关工作而主动放弃参与；剩下15.6%的农户认为自己参与农地整治没有效果或者其他原因放弃参与，几乎不存在想参与却找不到参与途径的情况。进一步对农户的参与方式进行了解，大部分农户以多种方式参与项目，56.9%的农户在项目实施的不同阶段提出建议或意见；37.4%的农户投工投劳参加土地平整或田间道路修建工作；27.6%的农户参与农地整治的规划设计；参与施工监督的农户占比12.6%。值得一提的是，调研的5个村屯在项目实施过程中都不同程度集资，每户集资的数额从几十元至几百元不等，其中板谭屯每户集资190元修建机耕道，弄灰屯每户集资350元修建水利设施，而这些集资活动都是农民自发协商、民主投票进行决策。此外，龙州县普遍实施的农地整治方案也是农民创造性的设计，最早自发进行农地整治的弄农屯村民经过数次讨论协商，根据当地实际情况制订出来的实施方案完全符合农户需求，故农户的农地整治满意度高达94.2%。

将两种不同模式的项目实施中农户参与情况进行对比，毋庸置疑，农民自治模式的农户参与更充分，较独立地实现了对农地的使用权，有效地履行了农民改变自己所有土地的内容和形式的权利，即农地整治的权利。而我国现有的农地整治项目实施仍然以政府主导模式为主，难以让农民充分参与农地整治工作，项目区农户在农地整治中应享有的知情权、话语权、参与权、监督权和决策权都残缺不全，土地使用权未能真正独立、落到实处。

二 土地处置权固化程度不同

土地处置权是土地所有者根据法律决定如何处分或者安排土地的权利。从法理上看，土地处置权应该是归属于农地所有者——农民，但我国法律对农民集体土地处置权实行非常严格的限制。无论是宪法、民法通则，还是土地管理法都规定"任何组织或者个人不得侵占、抵押或者以其他形式非法转让土地"，而且"国家为了公共利益需要，可以依法对集体所有土地进行征收"。这也就意味着，农民集体和农户不得擅自以转让所有权方式处置自己拥有的农地，真正拥有农地所有权处置能力的是国家。

此外，从农地承包合约角度看，农户与村集体签订的是土地承包经营合约，强调农户对土地的承包经营权和使用权，农地使用权的处置权能实际上仍然掌握在村集体手中。而"村集体"是一个非常模糊的概念，即可以理解为村农民集体、乡（镇）农民集体，也可以认为是农业集体经济组织内的农民集体，法律上并未准确定义。但无论"村集体"为何种组织，无可争议的是农地处置权属于共有产权，落入了公共领域。根据《土地承包法》规定，农户可以不经发包方（村集体）同意，将土地承包经营权进行转包，但如果要转让土地承包经营权，必须经发包方（村集体）同意。这也就意味着，如果两位农户想互相调换承包地，必须由村集体同意，而这会带来较大的交易成本，无形中固化了农地使用权，致使农户不愿意自发调整承包地。即便随着人口剧增，承包地不断分割细碎化，农地生产率下降，农户个人依然缺乏动力去调整农地权属或者自发进行农地整治，宁愿将土地撂荒。

1. 土地处置权固化，政府主导模式的农地整治权属调整障碍重重

政府主导模式的农地整治权属调整通常按照图 3.2 所示流程进

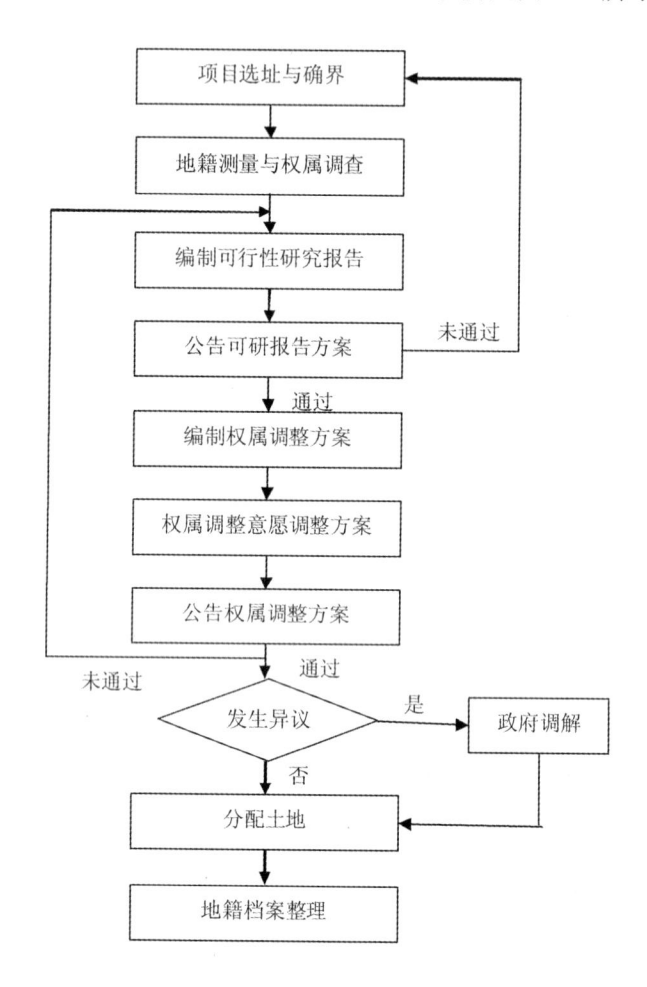

图 3.2 政府主导模式农地权属调整流程

行，从整个过程看，该流程非常科学，也基于民主考虑征询了农户意见，但在实践中农地整治权属调整存在的问题最复杂，大多数纠纷都是因权属调整而引发。首先，农地整治的主体是政府，权属调整方案

的制订者和决策者也是地方政府,虽然中央政府要求农民参与到农地整治项目中,但农户的参与权利受限,参与形式仅局限于听证会、意见征询或者意愿调查,农户参与流于形式,无法真正实现农民对土地的处置权。其次,权属调整工作一般是在农地整治施工建设完毕才开始进行,由于地方政府前期工作中对权属调整方案设计不合乎农民的切实利益需求,或者项目施工质量低劣,导致农户普遍对权属调整工作不满,致使权属调整障碍重重。课题组在湖北省孝感市调研时发现部分项目区农地整治完工后竟处于撂荒状态,原因何在?大量耕地在土地平整时耕作层被剥离,土地肥力下降甚至无法耕种,农民对项目施工质量非常不满,加上农户普遍担心权属调整后分到劣质土地,因此权属调整工作常常被搁置。多个项目区的地方政府将权属调整工作下放至村委会,由村民自行协商可行的权属调整方案,但是由于村庄认同感较差,处于分散状态,[①] 也难以形成一致的意见与方案。虽然地方政府将土地权属调整的处置权在整治后归还给村集体,但是以上综合因素作用,增加了权属调整的交易成本,权属调整依然拖延不决。

2. 农户拥有土地处置权,土地权属调整井然有序

农民自治模式的权属调整工作相对而言顺畅许多。以广西龙州县的"小块并大块"为例,该模式最早发起于龙州县上龙乡上龙村弄农屯。1999年适逢罕见的冰冻灾害,全村种植的香蕉树悉数被毁,于是全村村民商量后,将全村1324块零星分布的耕地(共计520亩)进行合并,在规划出机耕道之后,采取抽签的方式进行权属分配,分成121块,平均每户得到1—2块地。整个过程完全由

---

① 贺雪峰:《新乡土中国》,北京大学出版社2013年版,第47页。贺雪峰教授认为,中国的村庄分为三种类型:一是宗族性的团结型村庄;二是以"小亲族"为基础的分裂型村庄;三是原子化程度很高的分散型村庄。华南地区的宗族观念较强,属于团结型村庄。而以长江流域为代表的中部地区是属于典型的分散型村庄,村庄历史不长,农民多散居,村庄内部缺乏强有力的超出农民家庭的认同与行动单元,村庄原子化程度很高,处于分散状态。

农民自发组织开展，从并地方案的讨论确定、田间道路的规划设计、耕地权属的重新分配完全是农民集体协商并自行实施，为了顺利开展工作，村民集体投票选举产生一个并地小组，负责组织动员、耕地面积丈量、并地方案的协商决策、机耕道的规划设计等。由于农地整治后经济效益显著增加，该模式迅速在龙州推广，如图 3.3 所示：

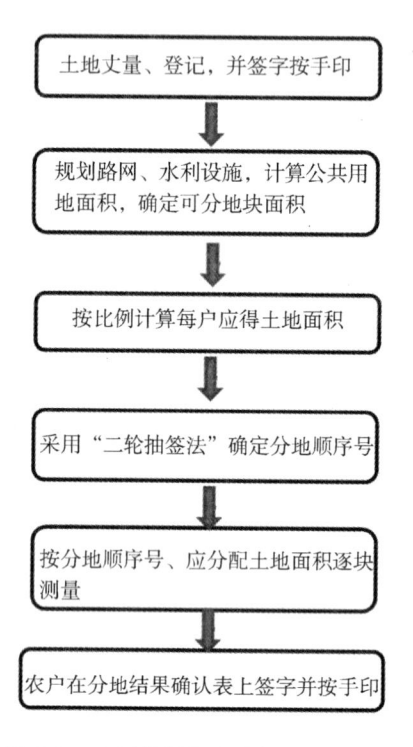

```
土地丈量、登记，并签字按手印
            ↓
规划路网、水利设施，计算公共用地面积，确定可分地块面积
            ↓
按比例计算每户应得土地面积
            ↓
采用"二轮抽签法"确定分地顺序号
            ↓
按分地顺序号、应分配土地面积逐块测量
            ↓
农户在分地结果确认表上签字并按手印
```

图 3.3　广西龙州县土地权属分配流程

历经数年的改进与发展，"小块并大块"农地整治的土地权属调整程序为：

（1）在并地小组的组织下，对每户拥有的土地进行实地丈量、登记，并签字按手印，作为后续分地的凭证。

（2）召开村民会议，对田间道路、沟渠进行初步规划，确定路网、水利设施的走向与布局，计算路网、水利布局所占用土地面积，扣除后确定地块的可分面积。

（3）根据每户原有土地面积所占比例计算各农户应得土地面积。据调查，农户可分得总面积通常比并地之前要减少5%—10%。只有少数村庄的耕地面积整治后增加，新增耕地一般作为集体土地，用于出租或者修建公共设施。

（4）按"二轮抽签法"抽签决定所有农户的分地顺序号。第一轮抽取的是"抽签顺序号"，即抽取第二轮抽签的顺序号；第二轮抽签决定"分地顺序号"，以此确定测量分地时，农户取得的测量分地顺序。

（5）聘请测量队到现场，按农户分地顺序号、应分配的面积进行测量。测量时按地块编号顺序逐块测量。

（6）所有农户在分地结果确认表上签字并按手印确认结果。

土地权属调整工作贯穿整个耕地整治过程，期间土地平整工作也随之进行，通常由各农户自行将自家田地中的田埂铲除并平整，无须施工单位进驻。当然，少数村庄地势起伏不平，农民则集资聘请施工单位在路网规划之前进行土地平整。由于整个权属调整过程公平合理，农户普遍能接受分地结果，也有少数农户运气不佳，分到机耕道两侧或者质量较差的土地，但通常只是抱怨几天就接受了，调研中未发现较大权属纠纷现象。

通过两种模式下农地权属调整流程的对比，不难发现两者的土地处置权享有情况迥然不同。政府主导模式遵循科层治理方式，作为治理主体的政府按照等级对权属调整方案进行制订与审核，从项目的立项、规划设计到施工阶段均未能尊重农民应有的对土地的处置权，仅在项目施工完毕才将权属调整的部分权利重新赋予农民，但农地整治是一个连续的过程，各阶段都是环环相扣的，前期工作的效果直接影响下一阶段的工作开展，导致权属调整难以为继。而农民自治模式中，本着自主治理理念，土地处置权自立项伊始就牢牢掌握在农民自己手中，在项目前期动员阶段农民集体就权属调整方案进行缜密设计，直至符合绝大多数农户的利益需求，并在后续的权属调整工作中按既定方案有序开展，充分行使了农户对土地享有的处置权,维护了其自身权益,避免了农地权属纠纷。

三 土地收益权残缺不全

产权是权能和利益两者的有机统一。[①] 权能是产权主体对财产的权力或者职能,是带有产权主体意志的行为,即"产权主体能够干什么"。产权的利益是产权对产权主体带来的好处或者效用,即"产权主体能够得到什么"。产权利益是权能的目的,而权力则是获得利益的手段或充分条件,是权力行使的结果。两者相互依存,内在统一。值得注意的是,产权权能的行使归根结底是一种行为,应该体现产权主体的意志。若产权主体的行为并非按照自身意愿,而是被他人意愿左右,可以说产权主体并未获得完整的产权,产权是残缺的。

农地收益权指农地产权主体依据自己享有的相应权能而获得一定收益的权利。例如,土地所有者凭借自己对土地的终极所有权权能而拥有索取租金的权利,租地农场主依据自己在一定时期内对土地的占有权、使用权等权能而取得经营利润的权利。由于农民所拥有的土地使用权不是市场交易的产物而是国家赋予的,具有强烈的行政性,缺乏市场机制下财产关系运动的主体平等性、合约安全性和权责明确性,也隐藏着国家和乡村集体对农民土地收益权进行侵蚀的制度合理性与可能性。在国家、村集体和农户的博弈中,由于国家掌握着政权、村集体掌握着所有权,农户处于非常弱势的地位,其收益权残缺就难以避免。

近年来,我国的农地整治开展得如火如荼,部分省市试点将农地整治与城乡建设用地增减挂钩结合,通过置换农地整治新增耕地面积指标,获取城镇建设用地指标,为解决城镇发展土地供给不足提供了新思路。但在实践中不少地方政府的"创新"忽略了农民的土地权益,大范围实施"整村推进"工程,盲目扩大增

[①] 黄少安:《产权经济学导论》,经济科学出版社2004年版,第65页。

加挂钩范围，导致部分地方成了"逼农民上楼"工程，激发政府与农民之间的矛盾。地方政府通过用新增耕地指标置换城市建设用地指标，并将置换后的城镇用地进行高价出让，获取巨额级差地租，但是该增值收益如何分配？农民以何种形式获取？其分配权掌握在地方政府手中，农民在分配上甚至没有知情权与话语权。事实上，早在2010年中央"一号文件"就明确规定："农村宅基地和村庄整理后节约的土地仍属农民集体所有。"也就是说，农地整治后的新增耕地所有权人为农民集体，虽然出让的城镇建设用地并非农民所有，但是新增耕地为城镇用地间接增加供给，因此出让建设用地的部分增值收益理应与农民分享。在这一点上，无论是政府主导模式，还是农民自治模式都没有考虑农民对增值收益的分享。

事实上，农民并没有意识到农地整治与城乡建设增减挂钩之间的关系，也不清楚耕地面积增加会给地方政府带来土地增值收益。课题组于2015年在湖南省和湖北省采用随机抽样方法选取20个项目区进行农民权益诉求调研，分别调查统计了农户在农地整治中对经济权益、政治权益、社会文化权益以及生态环境权益的诉求状况。结果显示，经济权益诉求的重要程度比值为50.34%，远高于其他权益诉求的重要程度。而在经济权益诉求中，农户的具体诉求情况如表3.2所示。[①] 从表中可以看到，农户对提高农产品质量、转变农业生产方式和调整农业生产结构的利益诉求较高，其重要程度分别占到39.95%、27.93%和24.72%，其他的经济利益诉求微乎其微。上述三种农户重视的经济利益是农地整治的直接受益，体现了农地整治的基本目标，并非农地整治活动的增值收益，且农户普遍对该项收益的存在不甚了解，因此农民的土地收益权权能在农地整治过程中未能完全实现，属于残缺的权能。

---

① 调研统计数据来自于课题组成员马广超的硕士论文《农地整治过程中农民权益诉求研究——以湖南省与湖北省部分县（区）为例》。

表 3.2　　　　农地整治中农民经济权益诉求的重要程度

经济诉求类型	重要性排序						重要程度分值	重要程度比值(%)
	1	2	3	4	5	6		
提高农产品产量	453	85	21	0	1	0	3229	39.95
调整农业生产结构	83	258	52	0	1	0	1998	24.72
转变农业生产方式	87	174	213	4	0	1	2257	27.93
获得劳动报酬	3	4	14	18	2	0	152	1.88
获得经济损失补偿	7	10	12	17	9	3	212	2.62
获得更高的农地转出收入	5	13	19	16	6	3	234	2.90

注：通过问卷调查得到重要程度排序，然后对重要程度进行赋分，分值按重要性排序1、2、3、4、5、6依次赋分为6、5、4、3、2、1分。单项权益诉求排序农户选择数量与其赋分相乘，再加总，得到单项权益诉求的重要程度分值，除以所有权益诉求的重要程度总分值，即得单项权益诉求的重要程度比值。

另一方面，地方政府对农地整治带来的级差地租收益却非常关注。"土地财政"的重要源泉是土地出让的增值收益，而农地整治能够增加耕地面积，通过城乡建设用地增减挂钩，突破了城镇土地供给不足的瓶颈。在盲目追求土地财政的政绩观指引下，部分地方政府逐渐偏离农地整治目标，并不在意农地整治工程是否改善了农业生产条件、是否提高了农业生产效率，关注的重心反而是耕地面积增加量，导致大量"路边工程""形象工程"的产生，继而引发农民的强烈不满。这种现象在政府主导模式的农地整治项目区尤为常见，课题组2013年对湖北省孝感市、监利县和仙桃市等实施政府主导模式的农地整治项目区的调研发现，52.1%的农户对政府在农地整治中的"形象工程"表示不满意，只有10.6%的农户满意，剩下37.3%的农户表示无所谓。

农民自治模式的农地整治中也部分存在将新增耕地与城乡建设用地增减挂钩相结合的现象，但由于农民享有农地整治规划设计和决策等权益做保障，大肆建设"形象工程"的情况并不多，多数项目区的建设切实符合农民的需求。新增耕地多用于村集体公共设施建设或者作为村集体共有耕地。例如，广西龙州县板谭屯将新增耕地留作集体用地，出租给农户进行耕作，所得租金用于农田基础设施的后期管护。由于农民自治模式的建设资金最终仍来自于政府财政拨款，地方政府对农民的整治行为在一定程度上具有约束力，仍有机会操纵农地整治收益，故农民的收益权依然是不完整的。

第三节 经济层面的农地整治产权：剩余控制权与剩余索取权

巴泽尔（1989）注意到了产权界定的技术限制，从行为能力的角度论及了权利的影响，但依然强调由于技术难度使人们努力的成本过高。哈特（Hart，1995）从行为能力问题角度探讨了产权问题，即可以行使的资产有价值属性的排他权利。从这一点上说，所有权并不重要，重要的是谁拥有产权，即控制权掌握在谁的手上。因此，产权指实际上拥有或者控制财产的权利。[①] 控制权是指对某项财产或物品的支配权，包括使用权和处置权。由于产权完全清晰界定的困难，控制权也存在界定不完全的情况。从新制度经济学视角，各种组织，包括企业是由各种要素组成的一组契约的联结。由于人的有限理性、信息的不对称性和不完全性、外在环境的复杂性及不确定性、契约当事人或契约仲裁者无法证实或观察一切因素的影响，契约总是不完备的。正是因为契约的不完备性，在借助财产、物品和服务的让渡而进行的权利让渡中就会存在没有明确规定的"剩余权利"，即产生了剩余索取权和剩余控制权问题。

---

① 刘凤芹：《新制度经济学》，中国人民大学出版社2015年版，第52页。

一 剩余索取权和剩余控制权理论

1. 剩余索取权

剩余索取权理论可以溯及古典经济学。在古典经济增长理论中,土地、资本、劳动是价值的源泉。当信息充分、行为可测时,人们能够按照要素贡献的大小进行收益分配,进而实现帕累托最优分配。但是,现实世界里常常是信息不对称、行为不可测,这就产生剩余收益的分配和剩余索取权的配置问题。在经济学家眼中,剩余是"准租金",是净现金流量,是组织不确定的收入流与特定契约规定给予代理人固定薪酬的差额,是组织总收入弥补相关支出后的余额。显然,剩余收益是一个变化的值。剩余索取权是指团队生产中监督者对因其追加投入形成的净收益的要求权,或者是监督者对总收入扣除固定契约性报酬后产生的剩余收入的要求权,在收益分配优先序列上表现为"最后的索取权"[1]。简言之,即为对利润的索取权利。

2. 剩余控制权

按照现代产权理论的分析框架,契约性控制权可以分为特定控制权和剩余控制权。特定控制权是指那种能在事前通过契约明确的控制权利。剩余控制权是契约中没有说明的事情的决策权,而不同的剩余控制权安排,会产生不同的激励作用,进而形成不同的经济绩效。[2]因此,剩余控制权的配置同样具有重要的意义。

对于治理中的剩余索取权和剩余控制权的配置问题,阿尔钦和德姆赛茨强调剩余索取权,而哈特和莫尔(Hart& Moore,1990)更强调剩余控制权,但经济学家们普遍认为剩余控制权和剩余索取权应统一配置,并认为由剩余控制权安排可以推导出相应的剩余索取权的安排。在不完全合约下,一个或多个当事人都会拥有剩余控制权,他或

---

[1] Alchian, Armen A. and Harold Demsetz, "Production, information costs, and economic organization", *The American Economic Review*, Vol.62, No.5, 1972.

[2] 柏培文、陈惠贞:《企业剩余索取权安排理论分歧及其在资产稀缺性框架下的诠释》,《管理评论》2006年第2期。

他们能够采取在契约中没有详细规定的行动。① 剩余控制权的合理配置能产生额外的剩余收益，也就是说，"控制"能带来收益。因此，谁拥有如何处置资产的权利即剩余控制权就变得非常重要，有效解决该问题的方法在于事前恰当地配置控制权。赋予拥有剩余索取权的主体剩余控制权，无疑是一种有效的产权安排。剩余索取权依赖于剩余控制权，剩余控制权是剩余索取权的保障。这一理论对传统企业的产权安排与剩余配置有较好的解释能力，但随着企业经营复杂性的提高和人力资源等资产专用性的增强，也受到了越来越大的质疑与挑战。布莱尔（Blair, 1990）对企业产权安排讨论认为，过度强调出资者的力量和权利会导致其他专用资本投资相关利益者的投资不足，进而降低企业潜在财富创造。从治理的结构层次看，剩余控制权表现为"投票权"，即对契约中未能规定的事项的决策权；而剩余索取权主要体现为收益分配优先序列上的"最后索取权"。

二 农地整治产权主体的利益目标多样化激发剩余索取权的争夺

产权理论认为，产权所有者的清晰界定是产权问题中的基本问题。按照剩余索取者身份的不同，可以把产权主体分为国家、集体和个人三个层次。② 农地整治过程涉及三种产权，并对应着三种产权主体：（1）土地产权，其所有者为农民集体，属于村集体，但是通过农户个人与集体的土地承包合约，农户个人拥有土地的使用权、处置权和收益权，虽然这些权利是残缺的。（2）资本产权，即农地整治资金的所有者，现阶段农地整治资金主要来自国家财政，因此资本产权的主体是国家，但是代表国家行使最终资金控制权的是地方政府，并非中央政府。（3）专业技术产权，农地整治项目工程繁杂，从项目的立项、规划设计到施工监督，部分环节具有很强的专业技术性，必须依

---

① ［美］约瑟夫·斯蒂格利茨：《改革向何处去》，《经济问题》1999年第7期。
② 谭劲松、郑国坚：《产权安排，治理机制，政企关系与企业效率——以"科龙"和"美的"为例》，《管理世界》2004年第2期。

靠专业规划设计单位、施工建设和监理企业的参与，这些企业的生产行为既受到契约的限制，也存在契约所不能约定的权利，从而产生剩余索取权和剩余控制权。

农地整治是一项工程活动，是土地、资本和专业技术等多种产权形态在工程建设中的融合，其主要目标和内容是改善土地质量、提升土地效能和优化土地生态环境，是人类寻求与地球共生的一种选择。因此，农地整治的收益有直接收益和间接收益，直接收益主要是改善土地质量、提升土地效能而增加的耕地收益，其他收益包括土地生态环境优化而衍生的一系列收益。不同的产权主体追逐的利益目标不同，农民的目标是农业生产条件改善，农地生产效率提高。地方政府的目标则是政绩最大化，一是尽量增加耕地面积，通过城乡建设用地增减挂钩置换建设用地指标，扩充土地财政；二是变相利用农地整治项目服务地方发展目标，最常见的就是整合农地整治资金打造新农村建设亮点，大量建设"路边工程""形象工程"，为地方政府增添政绩。而参与农地整治的规划设计单位、施工和监理企业，收益来自农地整治的工程施工费，尽可能减少生产成本、追求利润最大化是企业的本质。

上述产权主体都有各自的利益目标，除了企业目标是货币收益，其他的目标大都为非货币收益。然而，一个农地整治项目的投资是有限的，面对多种利益需求，农民、地方政府、企业都成为理性的"经济人"，每个利益方都期望索取到最大利润，利润最大化的竞争就演绎为剩余索取权的争夺，而剩余索取权很大程度上取决于土地整治的控制权掌握在谁手上，故控制权的配置尤为关键。

三 农地整治控制权的构成

1. 资本控制权是农地整治的核心

农地整治是项目资金、农地与整治技术的有机结合，其中农地是整治对象，整治技术是整治手段，而项目资金是整治的驱动力。没有项目资金的运作，农地整治将成为"无米之炊"，因此农地整治项目实施的关键在于资金的使用，资本控制权无疑就是农地整治的核心。近十年来，国家逐步重视农地整治工作，除了少量与建设用地指标有关的"占补平衡"和"增减挂钩"之类的农地整治资金来源于地方财政投入，当前绝大部分的农地整治资金都是由中央财政投入。为了提高农地整治效率，国家采用项目制管理方式，将农地整治财政资金以专项资金方式自上而下输入到基层，专款专用。以专项资金方式拨付农地整治资金，中央政府的目的是强调国家部门的控制权，避免地方分权导致项目实施随意化倾向，保证农地整治项目的最终目标得以实现。显而易见，农地整治的最终控制权掌握在中央政府手中。

2. 剩余控制权的构成

代表着国家的中央政府是农地整治项目的出资者，按照企业控制权理论，由中央政府完全行使控制权显然具有较高效率。现实中，中央政府远离农地整治项目区域，只能从宏观上对农地整治项目进行审批、检查与验收，而不可能从微观上对农地整治项目具体操作，项目通常"发包"给其代理机构——地方政府负责实施，因而中央政府只是拥有农地整治项目的最终控制权，剩余控制权随着项目的整体"发包"而转移给地方政府。随之而来的施工建设中，众多利益相关者又为了得到剩余索取权而陷入剩余控制权的争夺。

费方域教授（1998）认为，传统的公司治理机制，是在股东、董事会和经理之间配置剩余控制权，股东掌握着最终控制权，董事会拥有授予剩余控制权，经理则具有实际剩余控制权。股东是公司资本的所有权人，由于时间、精力等高昂的决策交易费用的存在，使得股东不可能对公司事务直接决策，只能将公司经营的剩余控制权委托或授予董事会，而且同样基于高昂的交易费用，董事会又必须将经营的剩余控制权委托给经理，从而使经理获得实际的剩余控制权。也就是说，传统公司的治理机制是将控制权以委托代理方式逐层下放。农地整治项目的治理机制与其非常相似，也是通过逐层委托代理将控制权进行分配。折晓叶、陈婴婴（2011）就分析了财政转移支付项目进入村庄的运作机制和治理逻辑，认为项目实施呈现中央政府"发包"、地方政府"打包"和基层组织"抓包"的运作逻辑。

农地整治项目的实施主要依靠自上而下的土地整治中心完成，国土资源部分割土地整治资金，决定各区域的转移支付重点，而地方政府则依据有关要求和地方发展需要提出项目申请，经审核批准后，中央明确各级地方政府在项目实施中应承担的责任。通常而言，在项目申报和管理程序中会明确规定地方政府的职责，这种规定相当于企业契约中签订的特定控制权。正如契约的不完备性，农地整治项目中的地方政府职责也不可能陈述得细致入微，甚至正好相反，规定中往往只是粗略地表述地方政府应当履行的职责。例如，广西壮族自治区百色市的土地整治中心的职责在项目实施中主要是负责组织对项目的可行性研究、规划设计、投资概算方案的初步审查；负责项目进行全程跟踪监督检查；配合相关部门开展对项目的评估论证、项目实施、资金管理、初步验收后、面积复核等工作。然而，"负责""组织""监督""配合"等工作的范畴广，操控弹性大，使地方政府的权限非常模糊。

正是由于对地方政府在农地整治中职责的模糊界定，致使其特定控制权成为一项可自由调整的权能，扩大了特定控制权的实施边界，从而衍生出剩余控制权。课题组调研中发现，单个项目区内的农地整治项目常常并非只是国土资源管理部门独当一面，而是由多个部门多个项目"打包"统一实施，可能是国土和农业部门负责耕地平整、水利部门负责水利设施修建，也可能是新农村建设项目与农地整治项目联合实施，即"政府主导、国土搭台、部门联动、聚合资金、整体推进"，形成部门联动、齐抓共管土地整治工作格局。

此外，地方政府的剩余控制权不仅仅体现在项目实施阶段，早在项目立项阶段，地方政府为了争取到项目通常会到上级主管部门反映地方诉求，进而影响中央部委的决策，即所谓的"跑项目"。这种自上而下的与科层管理反向运作的模式，突破了中央政府的控制权边界，使其对项目的审批决策一定程度上反制于地方政府，致使部分控制权让渡于地方政府。正是因为存在"跑项目"的可能，中央与地方

第三章 农地整治的治理逻辑：产权安排 75

> 百色市土地整治中心主要职责：组织开展全市土地整治项目申报和耕地后备资源调查工作，参与编制市本级土地整治专项规划，指导县（区）编制土地整治专项规划；组织编制全市土地整治项目年度计划方案，为市国土资源局组织实施土地整治工作提供决策依据，并对各县（区）编制土地整治项目年度计划进行技术指导；负责组织对全市土地整治项目的可行性研究、规划设计、投资概算方案或报告进行初步审查，并制订市本级土地整治示范项目的初步方案，提出初步审查意见后报市国土资源局审定；负责对全市已实施的土地整治项目进行全程跟踪监督检查，协助自治区国土资源厅土地整理中心在百色市范围内的中央、自治区承担投资的土地整治重点和示范项目实施进行监督；负责组织全市申报国家、自治区投资土地整治项目的报件材料和投资计划初步方案，配合相关部门开展对全市土地整治项目进行评估论证、项目实施、资金管理、初步验收、面积复核等工作；负责全市新增耕地指标的收购储备，建立土地整治项目库和新增耕地储备库；建立土地整治综合信息系统，提供信息服务；负责建设用地批前、批中、批后全程监管及业务指导，参与重大建设项目及跨县（区）建设项目的农用地转用和征地报批的协调工作，协助市国土资源局开展耕地占补平衡检查指导与目标考核工作；参与自治区、市国土资源行政主管部门草拟有关土地整治的政策法规、技术规程、管理办法，开展土地整治工作调查研究活动；开展土地整治技术研究与推广应用，开展土地整治宣传教育、经验交流、业务培训、技术指导；开展全市土地整治项目的引资、交流与合作。
>
> 资料来源：百度文库，《广西百色市土地整治中心的主要职责》，http：//wenku.baidu.com/link？url＝mpKWJtHQ0chcK1zzN7b6WcaGyXyvdu8fZHMA2RTpzdogtdUi3zK2HnyUOsSMa2xMukvepB0H_ V3AlnIxR09_ NnqQcxnR6vCP3z1S－3c0QP_ ，2016－08－16。

政府的关系在农地整治项目实施过程并非严格恪守科层制的上下级关系，甚至是一种剩余控制权相互博弈的关系。

图 3.4 刻画了政府主导模式下农地整治控制权的构成情况，中央政府将农地整治项目委托给地方政府，并赋予后者特定控制权，前者仅保留最终控制权，对农地整治项目进行检查、评估、验收等，保证农地整治项目实施效果。由于特定控制权界定模糊，使地方政府的权

能边界扩展，无法详细界定的控制权就成为农地整治中的剩余控制权。特定控制权与剩余控制权合起来成为农地整治项目的管理者——地方政府所拥有的"授予控制权"。然而，地方政府的职责主要是行政管理，项目的规划设计、施工建设以及监督施工等具体事务只能通过招标方式，将项目进行分解并承包给相关企业。企业与作为"法人"的基层土地整治中心签订合约，获得项目工程的部分剩余控制权。项目委托契约界定了企业应有的权利和义务，使企业在项目实施过程一定程度上拥有实际控制权。地方政府虽然将剩余控制权分解让渡给不同的施工企业，但仍保留决策、监督、检查和验收等少量剩余控制权，以便对农地整治项目质量进行监管。

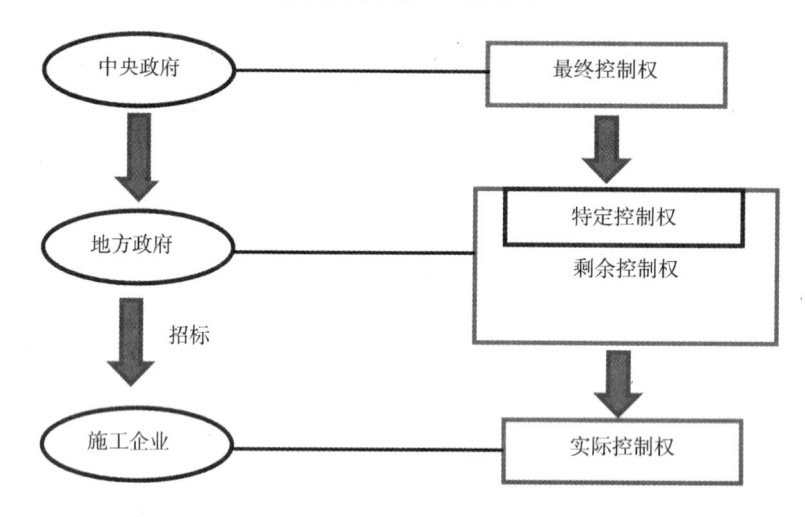

图 3.4　政府主导模式下农地整治控制权的构成

农民自治模式中，中央政府与地方政府的关系仍然是上下级之间的委托代理关系，中央政府依然保留最终控制权，并授予地方政府特定控制权和剩余控制权，但是地方政府在该模式中却没有将剩余控制权直接让渡给企业，而是赋予农民集体组织，由农民集体组织负责项目实施。农民若自行施工建设，农地整治的实际控制权掌握在农户手中；若将项目承包给施工企业，企业则拥有实际控制权，但农民同样保留决策、监督、检查和验收等剩余控制权，从而保证农地整治项目的施工质量。在这个过程中，政府将剩余控制权赋予农民集体，而农民又再一次将控制

权让渡给施工企业,似乎耗费了更多的交易费用。事实上,该模式总体上能减少租值消散,提高农地整治效率。原因有二:

(1) 控制权集中在几个代理人手中将会导致剩余索取权很大程度上集中在少数代理人手中。在政府主导模式的农地整治项目中剩余控制权主要掌握在施工企业和地方政府手中,施工企业是地方政府的代理人,而地方政府又是中央政府的代理人。虽然地方政府是一个组织机构,但真正掌握剩余控制权的是项目的负责人,因此,剩余控制权实际上被几个地方政府和施工企业的负责人拥有,农地的真正所有者——农民在控制权的配置中却直接被忽视,没有分享到任何剩余控制权。剩余索取权依赖于剩余控制权,毋庸置疑,农地整治的大部分剩余索取权必将被地方政府和施工企业瓜分,农地整治的部分增值收益也将被他们的收益取而代之。反之,农民自治模式中农民直接拥有剩余控制权,一方面农民的剩余索取权得以保障;另一方面,剩余索取权分散在许多不同的个人中,组织可以获得因风险分担所带来的收益,农民集体可以因此获得更高收益,提高农地整治效率。

(2) 政府主导模式中,虽然地方政府在项目实施中代表中央政府行使项目的控制权,但是地方政府并非农地整治资本的所有者,且由于信息不对称,官员几乎不用为其决策承担所有者风险,因而他们手中的剩余控制权就成了"廉价投票权"[①],在施工企业寻租的诱惑下,项目腐败现象容易滋生,导致租值消散。与之相反,农民自治模式中农民集体作为土地的所有者,提高农地整治效益、维护自身利益是农户的共同目标,农民的剩余控制权与剩余索取权得以实现,在农户的近距离监督中,项目实施中的寻租腐败问题显然较少。

第四节 农地整治剩余控制权配置的博弈分析

如前所述,在农地整治项目中,主要的利益相关者为农民、政府

---

① 张维迎、余晖:《西方企业理论的演进与最新发展》,《经济研究》1994年第11期。

和企业,且各方的利益需求迥然不同,农民期望改善农业生产条件、提高农地生产效率;地方政府追求政绩目标;企业的目标就是利润最大化。利益目标差异悬殊,甚至截然相反,必然导致利益相关者之间的矛盾和冲突,但在剩余控制权配置过程矛盾的焦点集中在地方政府和规划设计、施工建设和监理企业之间。缘由就在于农民参与剩余控制权配置的机会并不多。在政府主导模式中,农民参与农地整治项目的方式主要是配合地方政府工作,如果农户有机会提出建议并被采纳,可以称得上是比较民主的参与。由于一般项目都聘请监理单位监督施工建设,农民的监督工作基本被忽视,或者只是少数农户的自愿行为,所以农民在农地整治项目实施中基本不享有剩余控制权。而在农民自治模式中,剩余控制权是以授权的方式赋予农民集体,地方政府主要履行其特定控制权,农民与地方政府也不存在剩余控制权的争夺,反而是在农民将项目承包给施工企业时会出现剩余控制权的分配问题。因此,政府主导模式中剩余控制权的配置发生在地方政府与各企业之间,而农民自治模式的剩余控制权配置出现在农民与施工企业之间。由于各利益相关方的剩余控制权份额决定了其拥有的剩余索取权的大小,从而关系到各方的总收益,因此项目实施过程就是一个剩余控制权分配博弈的过程,从招投标延续到项目的施工建设,利益双方不断讨价还价最终达到利益均衡。

1. 博弈模型

鲁宾斯坦(Rubinstein,1982)的轮流出价的讨价还价模型正好符合这样的权益分配情况。该模型分析了两个参与人共同分割一块蛋糕的博弈均衡,参与人1先出价,参与人2可以接受或者拒绝。如果参与人2接受,则博弈结束,蛋糕按参与人1的方案分配;如果参与人2拒绝,则由参与人2出价(即还价),参与人1也可以接受或者拒绝。如果参与人1接受,博弈结束,蛋糕按参与人2的方案分配;如果参与人1拒绝,则由参与人1再出价。如此循环轮流出价,直到一个参与人的出价被另一个参与人接受为止。所以,这是一个无限期完美信息博弈,参与人1在第1,3,5,…时期出价,而参与人2在

2，4，6，…时期出价。

农地整治项目的剩余控制权配置时，各利益相关者之间形成合作博弈关系，利益双方的讨价最终达到均衡状态。由于农民自治模式中的农民与企业的博弈，本质上和政府主导模式中地方政府与企业的博弈相同，故将两种模式中的剩余控制权博弈统一进行分析。运用 Rubinstein 的轮流出价模型分析农地整治中利益各方的合作博弈均衡解，模型假设如下：

（1）剩余控制权博弈参与者有两方：一方为政府主导模式中的地方政府，或者为农民自治模式中的农民，由于他们是剩余控制权的初始拥有者，统称为业主，即为模型中的参与人1；另一方为农地整治项目的施工方，包括规划设计单位、施工建设企业和监理企业，他们各自与业主进行谈判，讨价还价，统称为企业，即为模型中的参与人2。因此，剩余控制权的博弈简化为业主与企业的博弈。由于业主在剩余控制权博弈中具有先天优势，由业主首先对剩余控制权进行出价。

（2）业主第一次出价为x_1，即业主在剩余控制权中的分配比例，企业的分配比例则为$1-x_1$；若企业拒绝业主的出价，轮到企业出价，其第一次出价为$1-x_2$，则业主的份额为x_2；以此类推。

（3）业主与企业在不同博弈时期的贴现因子分别为α_1、α_2，且$0 \leq \alpha_1 \leq 1$，$0 \leq \alpha_2 \leq 1$。

2. 博弈分析

为了得到业主与企业合作博弈均衡解的一般形式，认为这个博弈是无限期的过程，按照归纳法，以t表示博弈时期，先分析$t=2$、$t=3$时期的博弈情况，然后再考虑无限期博弈的情况。

当$t=2$时，为两阶段讨价还价博弈，扩展图如图3.5所示。

第一个阶段业主出价为x_1，企业若接受，博弈停止，双方收益为$(x_1, 1-x_1)$，即业主对剩余控制权占有的比例为x_1，而企业占有比例为$1-x_1$；若企业拒绝，则进入第二阶段的讨价还价，企业出价$1-x_2$，因为是两阶段的博弈，此时业主只能接受，双方收益为

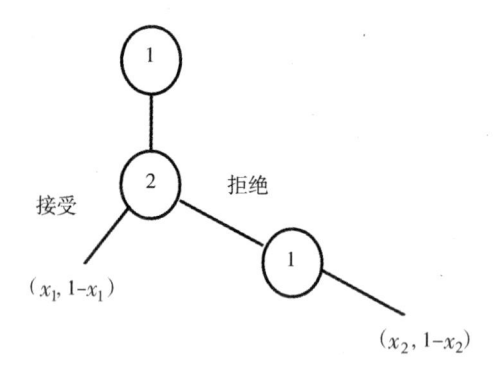

图 3.5 两阶段讨价还价博弈扩展图

$(x_2, 1-x_2)$，即业主占有剩余控制权的比例为 x_2，企业占有比例为 $1-x_2$。事实上，在第二个阶段，理性的企业为了实现利润最大化，其出价一定为1，因为两阶段的博弈中业主只能接受，所以企业会要求最高的剩余控制权比例。当然，政府在第一阶段博弈时就会考虑到企业第二阶段的博弈策略，为了不给自己带来更大损失，业主第一阶段的出价给企业带来的剩余控制权份额，必须大于等于企业在第二阶段出价带来的收益贴现到第一期的数值，即 $1-x_1 \geq \alpha_2$，博弈才能达到均衡。因此，业主与企业两阶段博弈的子博弈精炼纳什均衡的结果是 $(1-\alpha_2, \alpha_2)$。

同理，当 $t=3$ 时，业主与企业之间的讨价还价博弈扩展形式如图 3.6 所示。

与两阶段博弈分析同理，剩余控制权的分配从最后一个阶段逆向推导。第三个阶段由业主出价，企业只有接受，则业主的出价也必然是 $x_3=1$ 才能达到最大收益目标，企业此时收益则只是相当于第二阶段的 α_1。若业主在第一阶段的出价给企业的控制权份额为 $1-x_1=\alpha_2(1-\alpha_1)$，企业将会接受，因为在第二阶段的 $(1-\alpha_1)$ 经过贴现后等价于第一阶段的 $\alpha_2(1-\alpha_1)$。因此，三阶段子博弈精炼纳什均衡解为 $\{1-\alpha_2(1-\alpha_1), \alpha_2(1-\alpha_1)\}$。按照这种逆向归纳法进行推导，可得出业主与企业之间有限次合作博弈的子博弈精炼纳什均衡解。

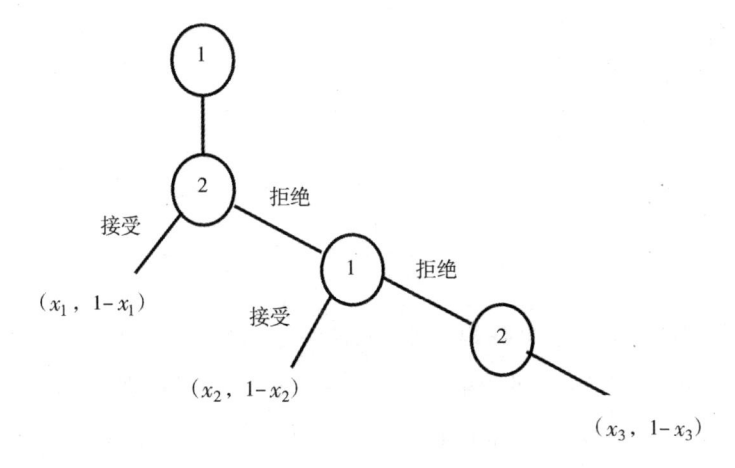

图 3.6　三阶段讨价还价博弈扩展图

根据 Rubinstein 的研究，当博弈时期 t 趋于无穷大，即在无限期讨价还价博弈中，唯一的子博弈精炼纳什均衡解为：

$$x^* = \frac{1-\alpha_2}{1-\alpha_1\alpha_2} \qquad (3-1)$$

且当 $\alpha_1 = \alpha_2$ 时，$x^* = \frac{1}{1+\alpha}$。

鲁宾斯坦（Rubinstein）认为，当博弈的时期是无限期的时候，因为不存在最后一个阶段，所以无法使用逆向归纳法进行推导。但谢克和萨顿（Shake & Sutton，1985）的研究认为可以使用有限时期逆向归纳法的逻辑找到子博弈精炼均衡的解。若在 $t \geq 3$ 的时期由业主出价，而业主能得到的剩余控制权的最大份额为 M，那么企业知道在 $t-1$ 时期的任何 $x_2 \geq \alpha_1 M$ 的出价能够被业主接受，因为在 t 时期的 M 值贴现到 $t-1$ 时期就等于 $\alpha_1 M$，所以企业的出价为 $\alpha_1 M$，则业主得到的剩余控制权份额即为 $1-\alpha_1 M$。再往前一时期推导，业主在 $t-2$ 时期的出价就是 $x_1 = 1-\alpha_2(1-\alpha_1 M)$，而企业的剩余控制权份额为 $x_2 = \alpha_2(1-\alpha_1 M)$。由于是无限期的博弈，因此当 t 趋于无穷大的时候，$t-2$ 期的博弈结果应该与 t 期的博弈结果相等。所以，业主在第 $t-2$ 期得到的剩余控制权最大份额与它在第 t 期得到的最大剩余控制权份

额相等，即

$$x_1 = M = 1 - \alpha_2(1 - \alpha_1 M) \quad (3-2)$$

解得

$$M = \frac{1 - \alpha_2}{1 - \alpha_1 \alpha_2} \quad (3-3)$$

同理，假设业主能在第 t 期得到的最小剩余控制权份额为 m，则企业在第 $t-1$ 期得到的份额最多为 $1 - \alpha_1 m$，由于第 t 期的 m 的贴现到第 $t-1$ 期等于 $\alpha_1 m$，而业主在第 $t-2$ 期至少得到 $x_1 = 1 - \alpha_2(1 - \alpha_1 m)$，则 $x_1 = 1 - \alpha_2(1 - \alpha_1 m)$，可解得：

$$m = \frac{1 - \alpha_2}{1 - \alpha_1 \alpha_2} \quad (3-4)$$

从公式（3-3）和公式（3-4）可以发现，业主能得到的剩余控制权的最大份额与最小份额是相等的，所以，无限期博弈的子博弈精炼纳什均衡解是唯一的，即

$$x = \frac{1 - \alpha_2}{1 - \alpha_1 \alpha_2} \quad (3-5)$$

综上分析，业主的子博弈精炼纳什均衡战略是在 $t = 1, 3, 5, \cdots$ 时期的剩余控制权份额要求为 $\frac{1 - \alpha_2}{1 - \alpha_1 \alpha_2}$，在 $t = 2, 4, 6, \cdots$ 时期接受任何大于或等于 $\frac{1 - \alpha_2}{1 - \alpha_1 \alpha_2}\alpha_1$ 的剩余控制权份额，拒绝任何较小的剩余控制权份额。企业的子博弈精炼纳什均衡战略则是在 $t = 1, 3, 5, \cdots$ 时期接受任何大于或等于 $\frac{1 - \alpha_1}{1 - \alpha_1 \alpha_2}\alpha_2$ 的剩余控制权份额，在 $t = 2, 4, 6, \cdots$ 时期的剩余控制权份额要求总是为 $\frac{1 - \alpha_1}{1 - \alpha_1 \alpha_2}$。

上述模型推演结果显示，业主与企业之间的合作博弈具有唯一的子博弈精炼纳什均衡解，从而决定了业主与企业对农地整治项目剩余

控制权的分享份额，也决定了剩余索取权的分享份额。从模型结果可以发现，博弈双方对剩余控制权的分享额度取决于贴现因子α_1及α_2的大小。

首先，贴现因子α_1及α_2反映了博弈双方的讨价还价的成本。随着博弈时期的延长，博弈双方的谈判成本必然增加。在政府主导模式中，由于整个行政区域内所有的农地整治项目都是由该区域内的地方政府负责组织实施，故合作企业期待与地方政府建立长期的合作关系，双方在长期合作中必然伴随着一轮又一轮的博弈，谈判总成本也随之增加。当然，对于不同的企业而言，谈判成本增加的幅度有所不同，边际谈判成本较大的企业在博弈中将处于劣势。在农民自治模式中，农地整治项目范围有限，大多数项目都是短期工程，合作期限不长，期间的博弈次数有限，因此谈判成本相对政府主导模式而言更少。

其次，贴现因子α_1及α_2的大小与博弈双方的风险意识、对未来预期有关。高风险意味着高收益，贴现因子也较高。若未来的不确定性越小，或者参与人越倾向于规避风险，其贴现因子则越低，表明参与人更注重当前利益；反之，未来不确性越大，或者参与人倾向于冒险，贴现因子则越大，说明参与人更注重长远利益。

显然，农民自治模式中农民注重长远利益，而合作企业更注重当前利益，贴现因子$\alpha_1>\alpha_2$，根据公式（3-5），农民所占剩余控制权份额将高于企业所占份额，因而农民在农地整治施工中具有较强的控制能力，能够发挥其决策与监督的主观能动性。但在政府主导模式中，合作企业希冀与地方政府进行长期合作，更注重长远利益，贴现因子α_2相对较高。与地方政府讨价还价的结果导致政府的剩余控制权享有份额逐渐减少，而企业的实际控制能力扩大，特别是当施工企业与监理企业合谋的时候，地方政府对项目的控制能力非常有限。

剩余控制权决定了剩余索取权，进而决定了各利益相关者的收益。由上述分析可知，政府主导模式中剩余控制权主要由地方政府与规划设计单位、施工和监理等企业分享，相应地，剩余索取权也被分割，且双方博弈的结果是各企业享有较高的份额，这就意味着各企业将获得剩余索取权带来的高额利润,其次地方政府获得一定的额外收益,而农民只是获得正常收益,几乎不存在额外的收益。但农民自治模式中剩余控制权主要掌握在农民手中,有机会获得更多的收益,所以,农地整治的农户满意度往往高于政府主导模式。

第五节 产权在公共领域内的租值消散

在实际生活中产权常常处于模糊与象征性状态,而且可能在讨价还价的过程中不断地被重新界定。因此,产权可以被理解为社会博弈的结果而不是它的前提①,而博弈的焦点就存在于公共领域。在现实生活中,如果产权没有清晰界定,那么必然有一部分会处于"公共领域"。公共领域里的全部资源价值叫"租",供愿意花费资源的个人去攫取,这个攫取结果会导致"公地悲剧",进而产生租值消散。

产权经济学家张五常(1974)最早提出产权租值消散的理论命题:当合约一方的收入索取权被完全或部分地剥夺时,除非该权利被完全授予另一个人,否则转移的收入将趋于耗散。非专有收入之所以会耗散,要么是因为使用或者生产该物品的形式发生了变化,导致其价值下降,要么是因为合约行为发生了变化,导致形成和执行合约的成本上升,或者是这两种共同作用的结果。

农地整治中剩余控制权的博弈发生在地方政府或者农民集体与规划设计单位、施工、监理等企业之间,他们之间的博弈必然耗费交易费用。但是这种交易费用的消散是发生在规划设计、施工、监理等企业已经确定,即交易双方已经签订契约并开始履行协议之后,针对契约中无法明确的剩余控制权的讨价还价。但在契约签订之前,由于剩余控制权掌握在地方政府或农民集体手中,此时产权性质属于国有或集体所有,并未清晰界定,因此存在产权公共领域,潜在的竞争者为了争夺产权必然增加交易费用,租值消散难以避免。

---

① 汪丁丁:《产权博弈》,《经济研究》1996 年第 10 期。

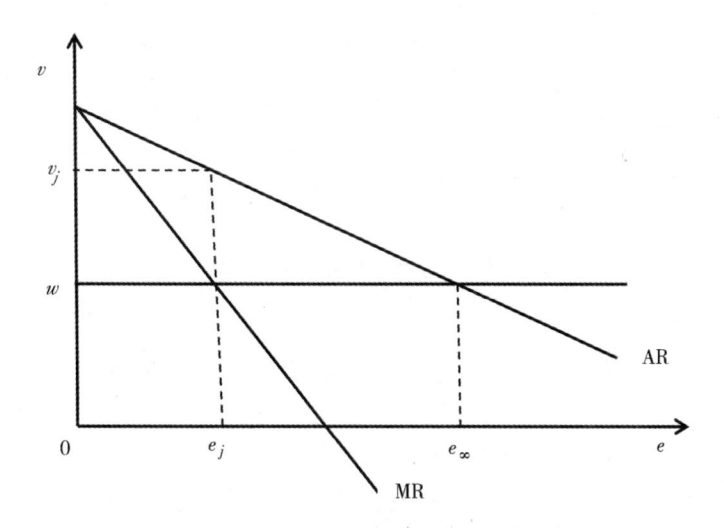

图 3.7 剩余控制权的租值消散

有研究表明，在科斯世界中，私有产权因为租金消散最小而最有效率，国有产权的租金全部消散因而效率最低，而混合产权居中。① 虽然在现实世界中，国有产权的租金未必全部消散，但是其消散程度会随着竞争者的数量增加而加剧。也就是说，随着追租者数量的增加，公共领域内的剩余控制权租金价值消散得越来越多。政府主导模式的农地整治中，初始剩余控制权掌握在地方政府手中，落入公共领域，规划设计单位、施工和监理企业都有意获取项目，各类型的企业之间竞争激烈。特别是施工建设阶段，作为法人的基层土地整治中心采取招投标方式选择施工企业，众多投标企业之间相互竞争。每一个投标企业就是一个追租者，参与投标的企业越多，剩余控制权的租值消散越多。

如图 3.7 所示，纵轴表示每单位剩余控制权的租值 v，横轴表示投标企业追租的努力 e，假设每一个投标企业的追租成本为 w，则净租金 $NR = (v-w)e$。剩余控制权被地方政府垄断，平均租金曲线为 AR，边际租金曲线则为 MR，令 $AR = a - be$，则 $MR = a - 2be$。

---

① 何一鸣、罗必良：《产权管制、制度行为与经济绩效——来自中国农业经济体制转轨的证据（1958—2005 年）》，《中国农村经济》2010 年第 10 期。

（1）若投标企业只有一个，此时其努力程度为 e_i，净租金为

$$NR_j = (v_j - w)e_j = (a - be_j - w)e_j \quad (3-6)$$

对式（3-6）求导，可得

$$\frac{\mathrm{d}NR_j}{\mathrm{d}e_j} = a - 2be_j - w = 0$$

则驻点为 $\quad e_j^* = \dfrac{a-w}{2b}$

此时，投标企业获得垄断净租金的最大值

$$NR_j^* = (a - be_j^* - w)e_j^* = \frac{(a-w)^2}{4b} \quad (3-7)$$

（2）若投标企业有两家，则符合双寡头博弈的古诺模型，而两家投标企业的努力程度为 $e_0 = e_1 + e_2$，它们的净租金分别为

$$NR_1 = (v_0 - w)e_1 = [a - b(e_1 + e_2) - w]e_1$$

和 $\quad NR_2 = (v_0 - w)e_1 = [a - b(e_1 + e_2) - w]e_1$

分别对上面两式求导，且令其导数为零，则

$$\frac{\mathrm{d}NR_1}{\mathrm{d}e_1} = a - 2be_1 - w - be_2 = 0$$

$$\frac{\mathrm{d}NR_2}{\mathrm{d}e_2} = a - 2be_1 - w - be_2 = 0$$

解该方程组，可得

$$e_1^* = e_2^* = \frac{a-w}{3b}$$

$$e_0^* = e_1^* + e_2^* = \frac{2(a-w)}{3b}$$

此时，两家投标企业的净租金之和为

$$NR_0^* = (a - be_0^* - w)e_0^* = \frac{2(a-w)^2}{9b} \quad (3-8)$$

将式 (3-8)、式 (3-7) 进行比较，不难发现，$NR_0^* < NR_i^*$，表明投标企业数量增加之后，企业的净租金总和减少了。

(3) 若投标企业的数量持续增加至 n，则 $e = ne_i$，（$i = 1, 2, \cdots, n$）。令各投标企业的净租金的导数为零，可得

$$e^* = \frac{n(a-w)}{b(n+1)}$$

则剩余控制权的净租金最大值为

$$NR^* = \left[a - b\frac{n(a-w)}{b(n+1)} - w\right]\frac{n(a-w)}{b(n+1)} = \frac{n(a-w)^2}{b(n+1)^2} > 0$$

由于 $NR^* > 0$，因此，对于投标企业而言仍具有超额利润空间，如果市场足够大，供给充分，就会有更多的投标企业进入公共领域追逐租金，直到租值消散为止。该过程可以通过对 NR^* 求其极限值得到。即

$$\lim_{n \to +\infty} NR^* = \lim_{n \to +\infty} \frac{n(a-w)^2}{b(n+1)^2} = \frac{(a-w)^2}{b} \lim_{n \to +\infty} \frac{n}{(n+1)^2}$$

$$= \frac{(a-w)^2}{b}\left[\lim_{n \to +\infty}\frac{1}{n+1} - \lim_{n \to +\infty}\frac{1}{(n+1)^2}\right] = 0$$

由此可见，租金消散只是个程度问题，随着公共领域范围的扩大，追租者个体数量的增加，租值消散得越厉害。

政府主导模式中，农地整治剩余控制权被地方政府掌握，产权主体虚化，使分散决策的农户和企业失去了对公共领域内控制权租金的排他性权利。由于农户在实施过程参与农地整治的机会有限，几乎被排斥在农地整治的实际控制范围之外，因此，农户几乎不参与剩余控制权的租金竞争。正如上文所述，能进入公共领域与地方政府进行剩余控制权份额博弈的是规划设计单位、施工和监理等企业，并最终拥有实际控制权，而在与政府签订合作契约之前，各相关企业为了获得该权利而相互竞争，致使租值消散。参与竞争的企业数量越多，租值消散的也就越多。现实中农

地整治招投标过程的围标、串标以及因此而产生的寻租现象正是租值消散的真实写照。在利益驱动之下，投标人之间、招标人与投标人之间及各参与主体之间容易结成利益联盟，出现围标、串标现象。由于信息不对称，投标企业假借资质、虚假报价等现象屡见不鲜。地方政府虽然接受中央政府委托，行使公共权力，维护公共利益，但在产权主体虚位的情况下，公共利益目标常常被架空，取而代之的是地方政府的自身利益目标。在公众监督缺位的情况下，农地整治项目的负责人成为各投标企业的寻租目标，腐败问题因此滋生，农地整治控制权租值也在此过程消散。为了弥补寻租成本，各企业必然减少生产成本以保证自身利益目标，施工质量下降，继而损害农民利益。

农民自治模式的农地整治也存在公共领域，剩余控制权赋予农民集体，由于是集体产权，产权界定也不太清晰。但是，与剩余控制权地方政府享有相比，农民集体拥有剩余控制权的租值消散程度有所缓解。首先，集体产权的公共领域范围相对狭窄。农地整治剩余控制权的产权主体通常是村集体，相对国有产权，组成该产权主体的个体数量仍然有限，所涉及的区域范围也是有限的，因此，该剩余控制权的排他性有一定的限度，并不完全具有非排他性，产权公共领域仅仅囿于村集体范围。公共领域范围越小，租值消散得越少。其次，农地整治剩余控制权为村集体所有，该权利的实际执行者为村民选举产生的"农地整治理事会"等组织机构，虽然具有一定的委托代理性质，但是重大事项的决策一般是由村民代表大会民主投票决定，理事会的公共权力有限，而且其权力的行使受到村民的近距离监督，进一步缩小了公共领域的范围。由此可见，农民自治模式中剩余控制权的公共领域范围比政府主导模式更小，租值消散的程度也不及政府主导模式，农地整治效率较高，农户对农地整治的满意度更高。

本章小结

从法律层面将两种农地整治模式下的土地产权状况进行分析，不难发现，政府主导模式下的农地整治中，农地的产权主体虽然是农民集体，但农民对农地整治的权力非常有限，大多情况下，农民只是在施工阶段对农地整治工程有所了解，之前的农地项目审批、规划设计几乎一无所知，对项目经费的使用情况更是无从知晓。相关信息的缺乏让农户对农地整治项目的意图产生怀疑，消极参与或抵触施工，故农民参与农地整治流于形式，产权主体并未拥有独立的土地使用权，土地处置权固化，土地收益权残缺不全。相比而言，农民自治模式的农地整治中，农民的土地使用权更具独立性，土地处置权得以体现，只是土地收益权仍在一定程度上受政府约束。

从经济学层面看，农地整治产权主体的收益来自于剩余索取权，而剩余索取权的大小取决于剩余控制权，因此产权问题的核心是剩余控制权的配置。剩余控制权博弈分析表明，政府主导模式下的各相关企业更关注长远利益，拥有较多的剩余控制权份额；农民自治模式下的农民显然比施工企业更注重农地整治的长远利益，因而对剩余控制权享有更多的份额，有效地维护了农民的收益权利。

产权公共领域的存在会导致租值消散。在农地整治中，政府主导模式的剩余控制权公共领域范围比农民自治模式更广，因此前者的租值消散程度更甚于后者，施工阶段的寻租与腐败现象因此滋生。

第四章 农地整治的契约:治理形式

农地整治项目是由利益相关者围绕着各种资源进行有效配置所达成的不完全契约网络,该不完全契约网络是以项目为中心,通过相互契约关系实现对项目进行资源配置和利益分配。现有农地整治模式都具有两个层次的委托代理关系:第一层次为中央政府与地方政府委托代理关系;第二层次是多方利益主体之间的多重委托代理关系链,政府主导模式和农民自治模式在治理形式上的差异主要体现在该层次上。农民自治模式下,农民自行进行项目的施工建设,农户间的合作体现了关系契约特征,长期相处形成的信任、声誉等促进关系契约的良好运行。政府主导模式中的地方政府、村干部、专业性农地整治企业都具有共同代理特征,委托人的农地整治目标不同致使共同代理人的行为倾向于与强势委托人合谋,损害弱势委托人利益,降低农地整治效率。

本章在不完全契约理论的基础上阐述了农地整治中的委托代理关系,分析农民自治模式下农户间的关系契约,并结合实际案例剖析政府主导模式中的农地整治共同代理问题。

第一节 不完全契约理论与农地整治

一 不完全契约理论

契约是指由交易或合作中双方签订或认可的一系列用以规范交易行为的条款。通常当事人都是为满足各自的需要而自主自愿签订契约的。通过契约，交易或合作双方分别让渡自己拥有的部分产品或所有权，并从对方得到了所需利益。

契约理论是新制度经济学的一个重要内容，主要研究非对称信息条件下的最优交易安排和契约安排。契约理论主要包括交易成本理论、不完全契约理论和委托—代理理论三个理论分支，这三个分支都是解释公共事务治理的重要理论工具，三者相互补充。完整契约的理想类型是标准的契约理论或者委托代理理论，其假设是契约内容完全清晰，在任何状态下都可以被证实，法律执行完全有效。但在现实中，由于有限理性和信息不对称等的影响，法律制度不可能非常完善，契约设计也不可能考虑到所有问题和细节，给契约的执行产生阻碍。实质上契约总是不完全的，即交易双方不能完全预见履约期间可能出现的各种情况，致使无法达成设计周详、内容完整的契约。

完全契约与不完全契约存在根本的区别：完全契约在事前预见并明确各种或然状态下当事人的权利和责任，因此事后监督是问题的核心所在；不完全契约则无法完全明确各种或然状态下的权责，只能在初始契约签订之后通过再谈判（renegotiation）来解决交易后的不确定性问题，因而对事前各方的权利（包括再谈判权利）进行机制设计或制度安排尤为重要。

科斯（1937）最早指出契约的不完全性，"由于预测的困难，商品或劳务供给的契约期限越长，对买方而言，明确规定对方该干什么就越不可能，越不合适"。随后，威廉姆森（1979）提出交易中的三个假定：有限理性、机会主义和资产专用性，并以此解释契约的不完全性导致交易费用产生，损失市场交易效率。此后，克莱恩（Klein，1980）、沙维尔（Shavell，1980）和戴尔（Dye，1985）的研究也提出契约的不完全性理论。通过数学模型，格罗斯曼和哈特（Grossman&Hart，1986）、哈特和莫尔（Hart&Moore，1990）等共同创立不完全契约理论（Incomplete Contracting Theory），即 GHM（Grossman–Hart–Moore）模型，或称所有权—控制权模型，国内学者也称为不完全合约理论。该理论是以合约的不完全性为研究起点，以财产权或剩余控制权的最优配置为研究目的。该理论通常用于分析公司治理结构中控制权的配置对激励和信息获得的影响。

不完全契约理论的内容主要有两方面：

（1）在交易费用方面来看，每一种交易都是一种契约，不同契约带来的交易费用匹配不同的治理结构。契约的交易费用是由交易环境（交易次数、不确定性）和交易特征（资产专用性）决定的。由于有限理性和机会主义，契约注定是不完全的，越是不完全的契约，就越是应该匹配具有更低的激励强度、更少的适应性、更多的行政控制、更多官僚主义特征的治理结构。市场和官僚机构可以被认为是分别对应于完全契约和不完全契约的两种极端的治理结构。

（2）从产权理论的角度来讲，由于契约不完全，契约中除了可以事前规定的具体权利之外，还有事前无法规定的剩余权利，这部分权利就是所谓的剩余控制权，剩余控制权直接来源于对物质资产的所有权，相当于所有权。但剩余控制权始终只属于交易的某一方，得到剩余控制权的一方固然增加了投资激励，但失去的一方却因此减少了投资激励，所以社会最优的投资激励不可能实现，这就是一体化带来的收益和成本。GHM模型认为，应该通过资产所有权或者剩余控制权的配置，确保在次优条件下实现最大化总剩余的最佳所有权结构，这就要求把所有权安排给投资重要的一方或者不可或缺的一方。

二 农地整治中的契约不完全性

农地整治项目是农村准公共物品，围绕着该公共资源在不同的阶段出现不同的利益相关者。政府与农民是核心利益者，而规划设计单位、施工建设和监理企业在项目进展过程中都有其利益目标。虽然农民集体拥有土地所有权，但是由于农民中的大多数并不具备专业的农地整治专业技术知识，需要专业技术人员进行实际操作。而农地整治会给社会带来较好的外部效益，使得政府必须承担相应责任，负责或者协助项目的实施，并在农村居民收入有限的现状下提供资金支持。

为此，现代农地整治形成多个利益相关者共同治理的局面：政府投入货币资本，农民投入人力资本，各相关企业也投入了人力资本或物质资本，这些利益主体对各自投入的专用性资产都享有收益权，期待能够获得应有的剩余索取权。由于信息不对称以及当事人的有限理性，在初始契约签订中只能对各方的基本权利和责任进行明确，为了避免信息不对称所带来的道德风险和逆向选择问题，交易各方通过不断地谈判协商逐步完善各方的责权利关系，并根据项目进展情况，形成在不同阶段对参与各方具有约束力和激励措施的契约关系。因此，从契约理论视角考察，农地整治项目是由利益相关者围绕着各种资源进行有效配置所达成的不完全契约网络，该不完全契约网络是以项目为中心，通过相互契约关系实现对项目中资源的配置和利益分配。

由于农地整治契约的不完全性，这就意味着：第一，当不同产权所有者（或者说投入不同专用性资产的利益相关者）参与实施农地整治项目时，每个参与人参与程度如何，利益分配的多寡，很难作出详尽的规定。农地整治项目契约的每一个参与主体面对的都是不确定的未来。可以明确参与人具有分享剩余租金的权利，却无法规定剩余收益的具体分配，只能通过各利益主体的相互博弈争取各自的剩余份额，并在公共领域争夺租金。正如上一章所分析，租金的争夺必然导致部分租值消散。第二，由于农地整治项目契约的不完全性、未来世界的不确定性，实际状况可能随时间的推移而发生变化，项目变更时有发生，此时必须有人对那些未被初始契约规定的或然事件出现做出相应的决策。

第二节　农地整治中的委托代理关系

一　委托—代理理论的发展及其内容

委托—代理理论是过去 40 多年当中契约理论最重要的发展之一。基于对企业"黑箱"理论的不满，一些经济学家开始研究企业内部信息不对称和激励问题——委托—代理理论。罗斯（Ross，1973）首先提出委托代理的概念，认为"如果当事人双方，其中代理人代表委托人的利益而行使某些决策权,则代理关系就随之产生"。经济学家威尔逊(Wilson,1969)、莫里斯(Mirrlees,1974)、霍姆斯特姆(Holmstrom,1979)等将其进一步发展,使委托—代理理论成为研究契约理论的有力工具。

在委托代理的契约关系中,委托人授权代理人在一定范围内以自己的名义从事相应活动,处理有关事务,包括把若干决策权托付给后者,委托人和代理人之间形成权能与收益分享关系。委托—代理理论的基本分析逻辑是:委托人为了实现自身效用最大化,将其所拥有(或控制)资源的某些决策权授予代理人,并要求代理人提供有利于委托人利益的服务或行为。代理人也是追求自身效用最大化的经济人,在与委托人利益不一致和信息不对称的情况下,代理人在行使委托人授予的资源决策权时可能会受到诱惑,把自己的利益置于委托人利益之上,从而损害委托人的利益,即产生"代理问题"。"代理问题"可以归纳为"道德风险"和"逆向选择":"道德风险"是指代理人利用自己的信息优势,通过减少自己的要素投入或采取机会主义行为,来达到自身效用极大化的目的,从而影响组织效率;"逆向选择"是指在委托人无法识别潜在的代理人的条件禀赋时,越是劣质的潜在代理人越是容易成为现实的代理人,最终导致"劣质品驱逐优质品",从而产生"劣质品充斥的市场"。

要解决代理问题,委托人必须建立一套有效的制衡机制(契约和竞争)来规范、约束并激励代理人的行为,减少代理问题,降低代理成本,提高代理效率,更好地满足自身利益。这种制衡主要是通过事前识别和事后监督,分别对代理人的私有信息和行为过程以及结果进行鉴别和监督,但是,委托人要为此付出一定的监督费用。监督费用与逆向选择及道德风险的机会成本之和构成了委托代理成本,只有委托代理成本低于非效率造成的损失时,代理监督才有经济合理性。因此,委托—代理理论关注代理人能否按照契约规定的权限和委托人的意愿,来代替委托人采取行动。委托—代理理论的中心任务是研究在利益相冲突和信息不对称的环境下,委托人如何设计最优契约激励代理人。[①]

综上，委托—代理理论的基本问题是委托人采取何种方式促使代理人在实现自己的效用最大化同时实现委托人的效用最大化。而实现代理成本最小化，就使得所有委托—代理理论都可以归结到激励与约束这个最核心的问题上来，即设计激励机制、监督机制、约束机制来解决各种经济关系中存在的代理问题。委托代理理论一般采取比较形式化的语言，它的大多数结论都来自正式模型。

二 农地整治中的委托代理分析

农地整治具有强烈的地方公益性和外部效益特点，决定了其准公共物品属性，理论上应当由政府部分提供。现阶段我国农地整治项目资金主要来自中央财政或地方财政部分支持，属于政府公共性支出，其公共产权属性使其委托代理关系远比私人项目复杂。一般私人项目仅存在"业主—承包商""业主—监理"两条单项委托代理关系链，而农地整治项目则是一种多任务多重委托代理关系。地方政府在其中既扮演着委托人角色，又充当代理人，以投资者、组织者、管理者、监督者、生产者等多重身份出现在项目实施中，形成了公共项目的行政垄断代理模式。

虽然政府是农地整治项目资金的提供者，但并非准公共物品的直接生产者，中央政府通过"发包"方式将项目委托给地方政府，而地方政府"承包"后，不同模式的做法存在较大差异。在政府主导模式下，地方政府通常将项目再次委托给规划设计、施工和监理等专业机构进行"生产"，于是农地整治中的多重委托代理关系就产生了。由于信息不对称性和契约的不完备性，项目实施中产生了一系列的代理问题。而在农民自治模式下，地方政府只是资金的管理者，项目由农民自行实施，或农户投工投劳自己施工，或委托给专业机构

[①] Sappington, David E. M., "Incentives in principal-agent relationships", *The Journal of Economic Perspectives*, 1991, 45—66.

实施。

从这两种模式的委托代理运行过程发现，存在两个层次的委托代理关系：第一层次的是中央政府向地方政府委托项目，两种模式在这个层次上的委托代理关系是相同的；第二层次的是地方政府向最终代理人的多重委托代理链，两种模式的委托代理关系大相径庭。农民自治模式中，农民享有充分的项目决策权，项目的施工建设既可委托给专业性的企业，即单任务的委托代理，也可以自行施工建设，关系契约是农户合作的基本形式；政府主导模式下，农民不具备项目剩余控制权，基层土地整治中心是项目法人，其间存在多任务多重委托代理关系。

1. 第一层次的中央与地方政府委托代理关系

委托—代理理论认为，委托代理关系之所以存在，是因为资产所有人无力管理或者自己管理资产的成本大于收益。农地整治项目资金虽然大多数来自中央政府，但是其自己管理的成本显然过高，由地方政府代为管理就成为必然。随着市场经济的发展，地方政府承担了推动地区经济发展的重任，其掌握的经济资源和决策权得以拓展，中央和地方政府的关系不再是简单的行政隶属关系，具有契约关系特征。在农地整治这一公共物品的提供中，由于管理成本高昂，中央政府不可能直接管理，只能通过财政转移支付划拨一定资金给地方政府，由地方政府代理中央政府进行管理监督，从而形成委托代理关系。

从信息获知角度看，中央政府和地方政府之间存在信息不对称。作为代理方的地方政府能够凭借地域优势获得大量信息而处于信息优势，而中央政府远离项目区域，信息获取成本巨大，难以获得足够的信息而处于信息劣势。因此，信息不对称而造成的"逆向选择"和"道德风险"问题在所难免，农地整治中的"形象工程""路边工程"就是这些问题的体现。

此外，中央政府与地方政府的利益偏差也是农地整治项目质量低下的原因。中央政府期望通过农地整治改善农业生产条件，提高农业生产效率，而地方政府的目标是利用农地整治追求政绩最大化。两者都追求利益最大化，但是他们的利益目标不尽相同，甚至可能存在冲突。在信息不对称的情况下，地方政府在完成中央政府的委托任务时，会尽量用有限的资源实现自身利益的最大化，从而使农地整治工程的建设更符合地方政绩的需要。将城乡建设用地增减挂钩与农地整治工程相结合，并一味追求新增耕地面积数量就是地方政府政绩最大化的现实写照。

地方政府虽然具有一定的"经济人"特性，但其最终身份仍然是地区的管理者，行使行政管理职能，身份的特殊性使得地方政府不是完全意义上的代理人。而且中央政府与地方政府之间的委托代理关系是通过政治形式体现的，不存在具体的经济契约，也无法用经济合同来激励和约束地方政府的代理行为，中央政府只能通过监督方式对其约束控制。

2. 政府主导模式下第二层次的委托代理关系

如图4.1所示，政府主导模式下，地方政府根据区域经济发展情况，结合项目区农户意愿，向中央政府提出农地整治立项申请，中央政府审核批准后，将项目资金拨付地方财政，委托地方政府代理项目实施，而地方政府通常会把一系列与项目相关的专项资金进行整合，然后将项目进一步委托给基层土地整治中心，并以土地整治中心为项目法人进行招投标，最终将项目委托给规划设计、施工和监理等专业性农地整治企业。项目资金的控制权意味着项目的剩余索取权的归属，在这个过程中，项目资金从中央政府流向地方政府，最终通过基层土地整治中心流入企业，而剩余收益也被地方政府和这些企业分享。作为土地所有者的农民在此过程只是将土地委托给企业进行施工；获得土地整治的正常收益，且不能提供任何剩余收益给企业。因此，对于农地整治企业而言，地方政府的委托是强势的，而农民是弱势的，企业在规划设计、施工和监理中必然以地方政府的需求为主导，忽视农民的利益诉求。

(1) 地方政府与基层土地整治中心的行政代理关系

在农地整治项目运作第二层的多重委托代理关系中，从项目资金

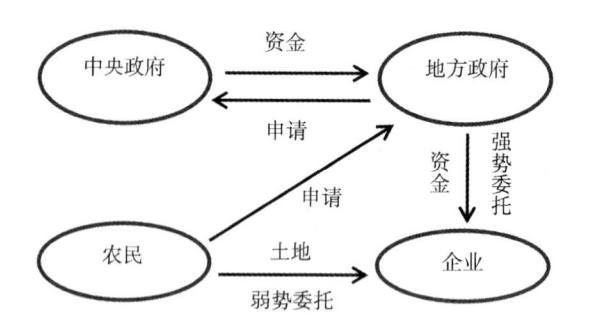

图 4.1　政府主导模式下的委托代理关系

给付角度而言，作为项目法人的基层土地整治中心是项目的最终委托人。土地整治中心负责资金的使用管理和相关企业的选择，拥有农地整治的剩余控制权，而这种权利是通过地方政府的行政赋权，即政府将公共项目的控制权交给下级职能部门，由政府化的代理人充当项目法人或业主。这种代理方式属于典型的行政代理模式。由于中央政府下辖多个地方政府，难以监督到各地方政府的代理行为，加之地方与中央政府的利益目标存在差异，工程质量问题、资金挪用等现象时有发生。

（2）基层土地整治中心与专业性农地整治企业的委托代理关系

首先，基层土地整治中心由于社会分工和技术能力限制，通常无法自行完成农地整治项目的规划、施工和建设，只能委托市场上的专用性农地整治企业进行规划、施工和建设。虽然农地整治项目的承建商采用公开招投标方式进行选择，但是由于信息不对称，土地整治中心对投标方的管理水平、施工建设能力等不能完全掌握，投标中的串标、围标现象难以避免。另外，土地整治中心以项目法人的身份进行招投标，但其行使的是公权力，农地整治的剩余控制权落入公共领域，寻租空间较大，容易在招投标过程中滋生腐败。

其次，基层土地整治中心与农地整治企业签订的是标准的契约合同，企业有义务按照合同约定履行相应的义务，但在项目实施中，由于专业技术限制和监督成本考虑，作为委托人的土地整治中心通常无法直接观察到代理人的努力程度。于是监督工作只能进一步委托给专业的监理企业，在监理制约机制尚不完善的情况下，监理与施工企业之间的合谋行为并不鲜见。

(3) 农民与专业性农地整治企业的委托代理关系

农民集体是农村土地的所有者，理应享有农地整治的决策权，但土地处置权的固化与土地使用权的残缺使得农民参与农地整治流于形式，因而农民与企业的关系也是以土地为纽带的形式上的委托代理关系。从企业的视角，基层土地整治中心掌握着农地整治资金，拥有剩余控制权，而农民只是土地的提供者，并不能给企业带来剩余收益。两相比较，对企业而言，代表地方政府的基层土地整治中心是强势的委托人，而农民是弱势委托人，其代理行为毫无疑问偏向于满足地方政府的需求。虽然农民是企业的委托人，并享有监督权利，但其弱势地位使之对企业的行为约束有限。

(4) 农民自治模式下第二层次的委托代理关系

农民自治模式的农地整治中，如图4.2所示，农民集体协商后向地方政府提出农地整治申请，地方政府再向中央政府申请，中央政府审核批准后将农地整治资金拨付给地方政府，并委托地方政府负责项目的监督管理。农民在立项后自行负责项目的施工管理，对技术难度小的工程以投工投劳方式自行施工，对技术难度较大的工程则可将项目委托给规划设计、施工等专业性企业，由农民自身履行监督职能。项目实施的启动资金来源于农民集资或者银行贷款，项目完成后，地方政府将财政拨付的资金以"奖补资金"的方式补贴给农民。项目资金是通过农民流向农地整治企业，剩余索取权主要由农地的所有者——农民控制着。农民与企业之间的委托代理关系是简单的单方委托代理，而企业也只是对农民负责。

首先，地方政府与基层土地整治中心依然是委托代理关系，由土地整治中心负责项目的运行与资金的使用监管。与政府主导模式不同，土地整治中心不再是项目法人，而是以管理者身份协助农民自行

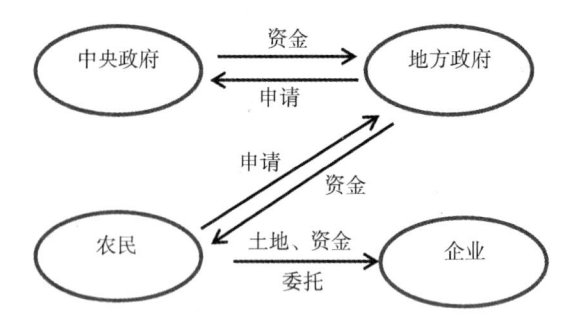

图 4.2　农民自治模式下的委托代理关系

实施项目，代理的具体内容发生改变。由于土地整治中心不再干涉农地整治项目的具体施工建设，与农地整治企业之间也就不存在委托代理关系。值得一提的是，对于部分专业技术性很强的工程，如大型水利设施，往往还是由地方政府对施工企业进行招标，沿袭行政代理模式。

其次，农民与专业性农地整治企业属于传统的委托代理关系，即单委托人一单代理人模式。农民集体既是委托人，也是项目法人或者业主，而企业是最终的代理人，向农民负责。农民以民主投票方式选举出农地整治理事会，再由农地整治理事会代表农户与施工企业签订施工合同。实质上，这个过程存在一个农地整治委托代理关系链，农民集体将项目委托给理事会，而理事会再次将项目委托给施工企业。虽然是二次委托，但是农民与理事会的目标一致，利益目标不存在偏差，且监督距离较近，监督成本低，故道德风险等委托代理问题并不常见。

最后，农民具有较充分的农地处置权和土地使用权，农地整治启动资金来源于农民集资或银行贷款，因而农民同时拥有土地和资金的控制权。由于社会分工和农民自身专业技术能力有限，通常将无法自行施工建设的工程委托给专业性企业实施。与此同时，农户生活在农地整治项目区域，便于近距离观察到施工企业的代理行为，能够以较低的成本实现监督权利，减少代理问题发生，提高农地整治效率。

第三节　政府主导模式下的共同代理：以村干部为例

前文对政府主导模式的委托代理关系分析表明，政府主导模式下的农地整治委托代理关系是一个多任务的多重委托代理链，不仅涉及多方利益主体，而且各利益主体的身份复杂，地方政府、基层土地整治中心、村干部和施工企业实际上都符合共同代理人的特征。地方政府既是中央政府的代理人，也是农民的代理人，在农地整治这一项目运作中，中央政府与农民具有相同的利益目标；基层土地整治中心同时接受地方政府和农民的委托任务，但是在政绩目标的激励下，地方政府的农地整治目标或许与农民的目标存在偏差；施工企业则是基层土地整治中心与农民的共同代理人，显然代表地方政府的土地整治中心比农民更为强势，因此施工企业更倾向于听从土地整治中心的要求，而忽视农民的需求；村干部也是一个典型的共同代理人，同时接受地方政府和农民集体的项目委托。

地方政府、基层土地整治中心和施工企业的共同代理行为比较隐蔽，普通农户的感知并不明显，难以察觉到他们的代理行为偏差。但是，对于村干部的共同代理行为以及因此产生的合谋问题，普通农户却能敏锐地感知到。显然，村干部与农户的关系较密切，监督距离也很近，所以农户能够清楚地识别村干部的共同代理行为。为了详尽剖析共同代理对农地整治效率的影响，本书选择农户熟知的村干部为研究对象，由此及彼，剖析政府主导模式下的农地整治共同代理问题。

一　共同代理理论研究及其进展

根据伯恩海姆和温斯顿（Bernheim and Whinston，1986）的定义，当个人（代理人）的行为选择影响的不是一个，而是多个参与人（委托人），且这些委托人对各种可能的偏好是相互冲突的，这种情形就称为"共同代理"。传统的委托代理理论是依托于简单的单委托人—单代理人的双边委托代理框架进行研究的，而共同代理理论将其扩展为多委托人—单代理人框架，使其对某些经济和社会现象更具解释力。1985年伯恩海姆和温斯顿（Bernheim and Whinston）开创了共同代理模型研究先河，在其论文中，作者对共同代理的三种情况（内生共同代理、内生排他代理、授权共同代理）分别进行分析，求出纳什均衡解，并提出相应的激励机制。次年，他们又提出了包括多委托人和一个代理人的共同代理模型，并证明无论何时委托人之间的共谋都将最优，这意味着共同代理能促进委托人之间的共谋。该研究在学术界引起了强烈反响，随后，学者们逐步放松该模型的假设条件，使共同代理模型更贴近现实。

较早的共同代理模型一般将委托人任务假设为同质，即所有委托人目标一致，以后的部分研究则将假设条件放宽到异质性，即委托人的目标有所差异。米泽蒂（Mezzetti，1997）研究了委托人差异化情况下的共同代理问题，他假设两个异质的委托人要求共同代理人分别执行一项具有互补性的任务，代理人清楚自己每项任务的生产率，而委托人不了解。在此基础上，米泽蒂分析了共同代理条件下委托人之间合作、委托人独自签约及排他性代理三种情况下的最优激励合约机制，进而得出结论：无论委托人是否具有私人信息，对委托人而言共同代理总是优于排他性代理。由于委托人之间的联合可以对其竞争性激励条款的外部性进行内部化，因此在共同代理情形下委托人联合优于各自与代理人签约。

迪克西特（Dixit，1997）提出了一个简单而规范的多重任务和多个委托人的代理模型。作者认为，从某种程度上讲，共同代理是管理经济活动过程的一个典型特征，且该过程的结果会导致低效率激励，但如果法规能限制每个委托人，使他能够把对代理人的激励建立在他所关心的代理人的任务之上，那么激励的作用就可以恢复。[1] 如果委托人的选择受约束，不同任务之间的投入在代理人的效用函数中是完全替代品，所得

---

[1] 阿维纳什·K.迪克西特：《经济政策的制定：交易成本政治学的视角》，刘元春译，中国人民大学出版社2003年版，第115页。

到的激励机制可达到最优。这样，无须委托人联合，作为整体的社会可以使各委托人对与其相关的任务采取正激励措施，而不应通过代理人就其任务采取负激励措施，以免降低整体效率。

共同代理模型的构建为研究许多经济现象提供了新的视角，从组织内部到产业间，从经济规制到政治决策等诸多方面，共同代理理论都有广泛的应用。

二 村干部的共同代理效率分析

当前，我国绝大多数农村的村民委员会成为农村集体财产的直接经营管理主体，对外维护农民集体的共同利益；作为一个经济行为主体参与市场经济活动，对内则协助地方政府发挥农村的社会经济管理功能。因此，村委会处于双重代理状态，村委会的成员——村干部实际上就成为地方政府和村民的共同代理人，接受他们的委托。村民作为委托主体是出自法律层面，《中华人民共和国村民委员会组织法》规定，村民委员会可以支持和组织村民进行实际的经济活动，这为村干部接受村民委托行使社会经济管理职能提供了法律保障。而在农地整治中，村干部又必须接受地方政府的领导，全过程协调项目的实施，因而村干部与地方政府的委托代理关系是基于行政管理层面。这两种委托代理关系虽然出自不同的体系，但从委托代理理论角度审视，地方政府、村干部、村民三者组成一个非均势型的利益共同体。由于地方政府对村干部存在政治与经济资源制约，使得在这利益共同体中，地方政府与村干部之间的利益链条更为强势，加之村干部相较于农民具有一定的信息优势，更加弱化了村干部与农民之间的利益链条，农民的利益受损在所难免。在农地整治中，这主要表现为村干部一味迎合地方政府，对项目实施中的只重形象不顾质量的"面子工程"置若罔闻，未能充分履行应有的监督和协调职责，导致部分项目工程质量低下，农民对此意见很大。

1. 模型假设

在迪克西特（Dixit，1996）的研究框架基础上，考虑两个风险中性的委托人——地方政府 A 和农民 B，他们从产出 x 中获益，且委托人都能观测到相同的产出 x。在实践中，产出表现为农地整治成果。代理人——村干部控制一个 m 维向量 t，向量 t 代表的是投入，主要表现为村干部在农地整治中所投入的时间、劳动和资金等。由向量 t 得到 m 维产出向量 x，用模型表示 x 为投入与误差项之和，即

$$x = t + \varepsilon \quad (4-1)$$

其中，向量 ε 是呈正态分布，均值为 0，对角方差矩阵为 Ω。假设两个委托人是风险中性的，则他们的收益函数是线性的。记 $b_j' x$ 为第 j 个委托人的收益函数，$j = 1, 2$；j 右上角的撇号标志向量的转置。令 b 为 b_1 与 b_2 之和，则委托人的总收益为 $b'x$。在此模型中考虑委托人的总数等于任务数，且每一个委托人只能从一种任务中获益，则向量 b_j 的第 j 个值是正的，其他部分的值都为 0。当委托人因产出的某些方面受到损失时，向量 b_j 的一部分值也可能是负的。但从农地整治项目的现实效果出发，产出对地方政府和村民总体上是有益的，故 b 远大于 0。代理人的效用函数总是风险厌恶型的：

$$u(\omega) = -\exp(-r\omega) \quad (4-2)$$

其中，$r > 0$，ω 等于农地整治收益减去投入成本的二次型 $\frac{1}{2}t'Ct$。假定矩阵 C 是正定矩阵，使得投入的边际成本随着其他投入水平的提高而提高。令 Γ 为矩阵 C 的逆矩阵，Γ 是正定矩阵。

2. 委托人同质诱生高效率：次优纳什均衡

在理想状态的农地整治中，地方政府和农民的利益目标一致，两个委托人向代理人提供一个总的激励机制，则代理人相当于只接受了一个委托人的任务。假设代理人的投入是不可观测的，当产出是 x 时，委托人向代理人支付 $\alpha'x + \beta$。则代理人的期望效用为

$$u = -\exp\left\{-r\left(\alpha'x + \beta - \frac{1}{2}t'Ct\right)\right\}$$

$$= -\exp\left\{-r\alpha't + \frac{1}{2}r^2\alpha'\Omega\alpha - r\beta + \frac{1}{2}rt'Ct\right\} \quad (4-3)$$

令
$$y = \alpha't + \beta - \frac{1}{2}r\alpha'\Omega\alpha - \frac{1}{2}t'Ct \quad (4\text{—}4)$$

则式（4-3）可写成 $u = \exp(-ry)$。根据确定性等价收入定义，可将 y 作为代理人的确定性等价收入，因此代理人的决策就是将确定性等价收入 y 最大化。将式（4-4）对投入 t 求一阶导，得

$$\alpha - Ct = 0$$

或
$$t = \Gamma\alpha \quad (4-5)$$

在存在两个委托人的情况下，可以证明 Γ 对角线上的元素为正值，非对角线元素为负值。因此，α 中任何一个元素增大会导致代理人对这个元素的投入增加，从而减少对其他元素的投入。因此，式（4-5）即为代理人的决策行为。将式（4—5）代入式（4—4），得到

$$y = \frac{1}{2}\alpha'\Gamma\alpha - \frac{1}{2}r\alpha'\Omega\alpha + \beta \quad (4-6)$$

地方政府与农民组成的联合委托人的收入期望值为

$$E[bx - \alpha'x - \beta] = (b-a)'t - \beta = (b-a)'\Gamma\alpha - \beta \quad (4-7)$$

委托人最优激励机制 α 的取值必须使委托代理双方的总收益 R 最大，即式（4-6）与式（4-7）之和最大，两式相加，得：

$$R = b'\Gamma\alpha - \frac{1}{2}\alpha'(\Gamma + r\Omega)\alpha \quad (4\text{—}8)$$

将式（4-8）对 α 求一阶导，可以得到代理人的参与约束条件：

$$\Gamma b - (\Gamma + r\Omega)\alpha = 0$$

两边同乘以 C，得

$$b = \alpha + rC\Omega\alpha \quad (4-9)$$

不难证明，当代理人的投入可观测时，委托人的收益和代理人的

等价收入之和为 $b't - \frac{1}{2}t'Ct > R$，达到最大值，理论上属于最优状况。[①] 但是现实中，委托人无法观测到代理人的投入，只有在代理人效用最大化前提下，选择最优激励机制，达到自身收益最大，从而满足共同代理中的激励相容约束。在此模型中，地方政府和农民组成的联合委托人，在农地整治中的目标一致，但是对村干部的投入却无法观测，属于迪克西特所分析的次优情况。由于政治市场比经济市场更多地被交易成本所困扰，因此，它的运转更没有效率。农地整治中，村干部的投入无法观测，容易产生道德风险问题，增加农地整治的交易成本。但是，在委托人目标一致的前提下，地方政府和农民的利益一致，即使村干部出现道德风险问题，也能够较好地发挥作用，使得委托代理双方利益达到次优状态。

3. 委托人异质：低效率均衡

农地整治的目的是补充耕地数量、提高耕地质量、改善生态环境，从而保证国家粮食安全，推进新农村建设和统筹城乡发展。在实践中，城乡建设用地增减挂钩是推动农地整治的重要激励手段，通过增减挂钩引导资金、聚合资源投向农村，开展田、水、路、林、村综合整治，不仅能有效促进耕地保护、推动节约集约用地，而且已成为新农村建设和统筹城乡发展的重要手段，为开展农地整治注入了新动力。但在项目实施过程中，基于以地生财的惯性思维和利益短视，地方政府总是希望用农村建设用地置换出更多的城镇建设用地，从而满足城镇扩张用地需求，增加土地财政收入，为地方政府官员的政绩抹上浓重的一笔。在利益驱使下，农地整治目标不可避免地偏离原有轨道。本应当作为城乡统筹手段的城乡建设用地增减挂钩成了地方政府的追逐目标，而惠及子孙后代的农地整治反而被地方政府忽略，大量质量低下的"路边工程"应运而生。靠近公路的农地整治工程设施

---

① 因文章篇幅所限，具体推导过程略去。迪克西特（1997）证明，代理人投入可观测的情况下，代理人与委托人的通过选择得到最大满足，此时，双方收益最大化，且最大化的一阶条件为 $b = Ct$。

较齐全，质量尚可，但远离公路较偏远的农地整治工程设施质量差，不仅不能发挥应有的作用，而且存在安全隐患，农户对此颇有怨言。课题组的调研结果也印证了这一点：调研区域农民对农地整治工程质量表示"比较不满意"的占 42.3%，表示"很不满意"的占 19.1%。将"比较不满意"和"很不满意"都视为"不满意"，则农民对农地整治工程质量不满意的比率达到 71.4%。而针对该群体进一步的调研中发现，其中 83.3% 的农民认为造成工程质量低下的原因是地方政府追求自身政绩，要求建设路边亮点工程和形象工程，未能从长远利益考虑，损害了农民的根本利益。与此相对应的是，农地整治项目区的农民却期冀通过增加耕地面积、改善农业生产条件、提高耕地质量以获得较高的农业收入。这与国家推行的农地整治目标相吻合，也是农民参与农地整治的动力与目标所在。

当地方政府与农民的目标发生背离时，基于理性选择的村干部就处于利益抉择境地。虽然中国自 1988 年开始实施村民自治制度，但地方政府受制于政绩考核体制，有激励去控制村干部，而且拥有一定的公权力，相对于基层农民而言处于强势地位。相较之下，村干部必然倾向于与地方政府合作，甚至有可能与其形成合谋格局。从共同代理角度看，地方政府和农民是实力迥异的两个委托人，对村干部的委托任务目标有差异，甚至存在冲突。面对力量悬殊的两个委托人，代理人会将更多的时间与努力用来完成强势委托人交付的任务，而忽视弱势委托人的利益，致使共同代理整体效率降低。

根据迪克西特模型，假设强势委托人 A 为地方政府，弱势委托人 B 为农民。由于两个委托人目标背离，不再联合，各自选择一种线性激励机制 $\alpha_j' x + \beta_j$（其中，$j=1$ 表示地方政府；$j=2$ 表示农民），故代理人面对的是两种不同的激励机制，并力图在这两者间寻求平衡，使自身利益最大化。同次优情况一样，代理人的投入仍然不可观测，因此，代理人的决策使得其确定性等价收入最大化的一阶条件仍是 $t = \Gamma\alpha$。

如果村干部单独与农民发生委托代理关系，村干部的选择为 $t = \Gamma\alpha_2$，其确定性等价收入的计算与式（4-4）类似，即为

$$\frac{1}{2}\alpha_2'\Gamma\alpha_2 - \frac{1}{2}r\alpha_2'\Omega\alpha_2 + \beta_2$$

$$= \frac{1}{2}\alpha_2'(\Gamma - r\Omega)\alpha_2 + \beta_2 \qquad (4-10)$$

这时如果再将地方政府考虑进来,则代理人的确定性等价收入为

$$\frac{1}{2}(\alpha_1 + \alpha_2)'(\Gamma - r\Omega)(\alpha_1 + \alpha_2) + (\beta_1 + \beta_2) \qquad (4-11)$$

可见,村干部作为共同代理人,由于地方政府的参与比单独为农民代理获得额外收益,其值可以通过式(4-10)、式(4-11)两式相减得到

$$\alpha_2'(\Gamma - r\Omega)\alpha_2 + \frac{1}{2}\alpha_1'(\Gamma - r\Omega)\alpha_1 + \beta_1 \qquad (4-12)$$

委托人 A 地方政府的期望收益为

$$b_1 t - \alpha_1 t - \beta_1 = (b_1 - \alpha_1)'\Gamma(\alpha_1 + \alpha_2) - \beta_1 \qquad (4-13)$$

若地方政府与村干部之间不存在合谋,则地方政府的收益为 $b_1\Gamma\alpha_2$。但在合谋的情况下,处于强势的地方政府希望得到尽可能多的收益。此时,地方政府比不合谋情况下可得到的收益差额为

$$b_1'\Gamma\alpha_1 - \alpha_1'\Gamma\alpha_1 - \alpha_2\Gamma\alpha_1 - \beta_1 \qquad (4-14)$$

将式(4-12)、式(4-14)两式联合,即为地方政府与村干部合谋而产生的额外收益之和 R_0。

$$R_0 = b_1\Gamma\alpha_1 + r\alpha_2'\Omega\alpha_1 - \frac{1}{2}\alpha_1'(\Gamma + r\Omega)\alpha_1 \qquad (4-15)$$

由于地方政府与农民在农地整治中的目标背离,两个委托人的激励机制也不同,因此地方政府可以在农民选择 α_2 既定的条件下确定其系数 α_1,使得额外收益之和 R_0 达到最大。即将式(4-15)对 α_1 求一阶导数,得 R_0 最大化条件为

$$\Gamma b_1 - r\Omega\alpha_2 - (\Gamma + r\Omega)\alpha_1 = 0 \qquad (4-16)$$

将式(4-16)两边同时乘以 C,得

$$b_1 = \alpha_1 + rC\Omega(\alpha_1 + \alpha_2) \qquad (4-17)$$

此为地方政府的边际收益。同理可得农民的边际收益为

$$b_2 = \alpha_2 + rC\Omega(\alpha_1 + \alpha_2) \qquad (4-18)$$

将式（4-17）、式（4-18）两式相加，可得到委托人总体激励机制的均衡条件为

$$b = \alpha + 2rC\Omega\alpha \qquad (4-19)$$

从式（4-17）、式（4-18）可知，地方政府和农民存在实力差异，从而两个委托人之间的边际收益也不尽相同。显然，强势的地方政府提供给村干部的边际激励 α_1 大于农民所能提供的边际激励 α_2，因此 $b_1 > b_2$，即村干部为地方政府带来的边际收益高于他给农民带来的边际收益。由此证明，即当代理人面对实力存在差异的委托人所提供的激励机制时，理性的代理人为获得更多收益，将更多的时间和努力用于完成强势委托人交付的任务，致使弱势委托人所交付的任务被忽略，甚至其利益受到侵害。

同时，将式（4-19）与式（4-9）比较可知，不管委托人是同质还是异质的，两个委托人的总体边际收益 b 与其提供给代理人的边际激励 α 并不相等，这说明在两种状态下的纳什均衡都不是最优均衡，委托代理双方的收益总和也未能达到最大。但是，异质的委托人由于缺乏合作，使得代理人的风险增加，与委托人同质的次优情况相比，b 与 α 的差值扩大了一倍，激励机制的效果更差。[①] 因此，委托人异质会导致共同代理的效率更低下，存在进一步改进的空间。由于在共同代理模型中只有在代理人投入可观测的情况下才能达到最优均衡，但在实践中委托人难以观测到代理人的投入，最优均衡只能成为理论上的理想状态，能达到次优均衡的委托人同质条件下的共同代理就成为实践追逐目

---

① 据迪克西特（1997）分析，共同代理模式中激励机制的效果与委托人的数目是成反比的，即 $b = \alpha + nrC\Omega\alpha$（$n$ 为委托人的数目）。

标。而在农地整治中地方政府与农民的利益目标一致,使共同代理达到次优均衡能够成为现实。

三 实证分析:村干部的共同代理行为

1. 研究区域概况

为了对农地整治中村干部的共同代理行为进行验证,并了解农地整治中存在的问题,2013年1月中旬本课题组选择湖北省孝感市孝南区和汉川市、荆州市监利县、仙桃市作为研究区域。其中,孝感市的孝南区和汉川市属于岗前平原工程模式区,农地整治主要目标是合理调整农地结构,建立田、林、路、渠配套的生态农业基地,增加种植面积,削弱旱灾影响,解决漫岗边缘因坡面来水而可能造成的洪涝灾害问题,并加强防护林网建设,保护农村生态环境。而仙桃市和监利县属于水网圩田工程模式区,其目标是提高现有农田的建设标准,改造中低产田,减少沼泽、洼地等零星闲散地,解决长江及汉水两岸局部高河滩地的缺水问题和湖积地带地势低洼处的渍涝问题,并加大排灌水网及相关水工建筑物的建设力度,疏通河道以增强区域排涝泄洪能力,完善农田林网建设和改善沿江平原的生态环境。调查依据典型抽样原则,在每个县(市、区)选择2—3个农地整治项目区,共12个农地整治项目区作为样本,并在上述项目区内随机抽取18个乡镇的农户进行问卷调查,共收回问卷380份,其中有效问卷359份,有效率达到94.5%,符合计量分析要求。

2. 指标选择及数据预处理

农民是农地的直接使用者,能够真实客观地感受到农地质量及耕作条件的改变,对项目区内农地整治工程质量的评价非常客观,因此本书将其设定为模型的因变量。在调查中发现,当前农民对农地整治工程质量关注最集中的就是项目规划设计与施工建设两个阶段。本书将影响农民对农地整治工程质量评价的主要因素设定为项目规划设计质量、项目施工单位职责履行情况、项目监理单位职责履行情况。正如前文所述，由于农民与地方政府的利益目标不一致，导致村干部与地方政府合谋，其代理行为可能背离农民的利益目标。在此状态下，农民与地方政府、村干部在农地整治中的利益矛盾凸显，农民对地方政府持有怀疑态度，而地方政府也对农民参与农地整治缺乏主动性与积极性，这些因素都直接影响农民对农地整治工程质量的评价。为此，模型自变量还应该加上农民身份、农户承包地面积、农民参与农地整治情况、农民对地方政府的信任程度等。经数据预处理后的变量共有8个离散型变量和1个连续型变量，并根据这9个变量的不同特征构造变量水平（如表4.1所示）。

表 4.1 变量说明及赋值

变量类型	变量名称	变量代码	变量赋值
因变量	农民对农地整治工程质量评价	Q	1＝非常满意；2＝比较满意；3＝一般；4＝比较不满意；5＝非常不满意
自变量	规划设计质量	W_1	0＝好；1＝差
	项目施工单位职责履行情况	W_2	0＝尽职尽责；1＝未尽职责
	项目监理单位职责履行情况	W_3	0＝尽职尽责；1＝未尽职责
	农民身份	W_4	0＝村组干部；1＝普通村民
	承包地面积	W_5	连续型变量
	农民参与农地整治情况	W_6	1＝完全未参与；2＝少量参与；3＝一般性参与；4＝大量参与；5＝全部参与
	农民对乡镇政府的信任程度	W_7	1＝很不信任；2＝较不信任；3＝一般；4＝较信任；5＝很信任
	农民对县政府的信任程度	W_8	1＝很不信任；2＝较不信任；3＝一般；4＝较信任；5＝很信任

3. 模型选择及计量结果

由于因变量是定序变量,农民个体之间的差异及对农地整治政策理解不同,因此在既定的情形中农民会根据自己的情况对农地整治工程质量有自己独特的理解,标记为 Z。如果两种情形非常相似,则农民的选择也应该非常相似,因此,Z 是连续的,假设它的取值是任意的,则 Z 为隐变量。假设在人的心理活动中对某种事物有自己一定的判断标准,或称为阈值(记为 C_k)。当隐含的判定标准落在某两个相信的阈值之间时,则农民对农地整治工程质量的评价具体为

$$B = \begin{cases} 1 & if \quad Z < C_1 \\ 2 & if \quad C_1 \leq Z < C_2 \\ 3 & if \quad C_2 \leq Z < C_3 \\ 4 & if \quad C_3 \leq Z < C_4 \\ 5 & if \quad C_4 < Z \end{cases}$$

对于自变量如何影响农民对农地整治工程质量的评价,可以合理地假设:所有自变量都是通过农民自己的理解(Z)来影响的。由于 Z 是一个取值任意的连续型变量,因此 Z 和自变量 W_i 间的关系为

$$Z = \beta_0 + \beta_i \times W_i + \varepsilon$$

那么农民对农地整治工程质量的评价 $k(1 \leq k \leq 5)$ 可能性为

$$P(B \leq k) = P(Z \leq C_k)$$
$$= P(\beta_0 + \beta_i \times W_i + \varepsilon \leq C_k)$$
$$= P\{\varepsilon \leq (C_k - \beta_0) - \beta_i \times W_i\}$$
$$= F_\varepsilon(a_k - \beta_i \times W_i)$$

其中,C_k 为阈值;$a_k = C_k - \beta_0$;$F_\varepsilon(t) = P(\varepsilon < t)$ 是 ε 的分布函数。由此可见,隐变量 Z 已经不再存在,只需合理假设 ε 的分布函数

即可获得定序变量的回归模型。假设 $F_\varepsilon(t)$ 是标准正态分布函数,那么模型形式为

$$P(B \leq k) = \Phi(a_k - \beta_i \times W_i)$$

考虑模型整体的显著性,即希望所考虑的解释性变量中至少有一个解释性变量与因变量明显相关。因此,原假设为

$$H_0 = \beta_{1j} = \beta_{2j} = \cdots = \beta_{8j} = 0$$

可以通过似然比检验比较以下两个模型:

(1) 空模型 $\Phi^{-1}\{P(B \leq k)\} = \beta_0$

(2) 全模型 $\Phi^{-1}\{P(B \leq k)\} = \beta_0 - \beta_{1i}W_i - \beta_{2i}W_i - \cdots - \beta_{8i}W_i$

将两个模型做方差分析,广义似然比检验 $P \approx 0$,说明本模型整体高度显著,即意味着所考虑的 8 个自变量中至少有一个对因变量有显著性影响。通过对每一因素的显著性分析即可得出对因变量有影响的因素。

考虑到自变量之间若存在相关性,会产生多重共线性问题,因此,有必要对自变量之间的线性关系进行检测,即进行多重共线性检测。运用 Stata 11.1 进行检测,结果显示如表 4.2 所示,所有自变量的 VIF 值都小于 10,说明数据并不存在多重共线性。

表 4.2　　　　　　　　　多重共线性检测结果

变量 Variable	W_1	W_2	W_3	W_4	W_5	W_6	W_7	W_8
方差膨胀因子 VIF	1.16	1.22	1.37	1.34	1.07	1.29	2.23	2.24

进一步,对调查数据进行多元定序变量 Logisitic 回归分析,全模型回归结果如表 4.3 所示。从表中可以看出,全模型回归结果整体显著($P \approx 0$),说明自变量对因变量有显著的解释能力。

表 4.3　　　　　　　　　　全模型回归结果

Number of obs = 359

LR chi2 (8) = 168.13　　　　　　　　　　Prob > chi2 = 0.0000

Log likelihood = −420.0493　　　　　　　Pseudo R2 = 0.1668

Q	回归系数 Coef.	标准误差 Std. Err.	z	显著性概率 $P>\|z\|$	[95%置信区间] [95% Conf. Interval]	
W_1	1.582 746	0.239 647	6.60	0.000	1.113 047	2.052 445
W_2	1.032 034	0.255 782	4.03	0.000	0.530 711	1.533 358
W_3	0.198 753	0.240 236	0.83	0.408	−0.272 101	0.669 607
W_4	0.641 333	0.313 885	2.04	0.041	0.026 130	1.256 536
W_5	0.008 866	0.012 463	0.71	0.477	−0.015 562	0.033 293
W_6	−0.469 631	0.153 543	−3.06	0.002	−0.770 569	−0.168 692
W_7	−0.405 012	0.159 911	−2.53	0.011	−0.718 432	−0.091 592
W_8	−0.358 244	0.175 027	−2.05	0.041	−0.701 291	−0.015 198

四　计量结果分析

倘若以0.05的显著性水平为界,所有因子中,农民身份、项目施工单位职责履行情况、农民参与农地整治情况、农民对乡镇政府的信任程度、农民对县政府的信任程度以及规划设计质量这6个因子是显著的,说明影响农民评价农地整治工程质量的主要因素是农民身份、项目的规划设计与施工质量、农民的农地整治参与程度及对地方政府的信任程度。项目监理单位履职情况、承包地面积两个因素对农民的农地整治工程质量评价并没有显著影响。

(1) 承包地面积(W_5)的影响在模型中并不显著,说明同一项目区的农民对农地整治质量的评价基本一致,并不会因为自己拥有承包地的多寡而存在偏见,即农民对农地整治质量的评价普遍客观真实,反映实际情况。项目监理单位履职情况(W_3)在模型中为不显著因素,与农民对项目监理的了解密切相关。调研发现大部分农民不清楚项目监理单位的存在,甚至不知道监理的职责范围,对项目监理单位履职情况的评价差异不大,故该因素在模型中体现为不显著因素。但由此得以启示,目前农地整治项目的施工监督主要表现为施工监理单位的监督,项目区内的农民难以实现其监督权。

(2) 项目施工单位职责履行情况(W_2)是影响农民对农地整治工程质量评价的主要因素,且变量的回归系数为正数。也就是说,当施工单位未尽到应有职责时,农民对农地整治工程质量的不满意程度增加,农民对农地整治工程质量的评价朝"不满意"方向增加1.032034个 $logit$ 单位。在调研中,课题组就农地整治施工问题与农民进行访谈,农民普遍认为:一方面,农地整治资金被截留,导致项目施工单位偷工减料,施工质量未达到设计标准;另一方面,项目施工单位在地方政府授意下大量建设路边"形象工程",致使偏远地区的项目建设资金缺乏,质量低下,甚至留下"半拉子工程"。规划设计质量(W_1)也是影响农民评价农地整治工程质量的主要因素,回归系数也为正数。当农地整治项目区的规划设计质量较好,农民对农地整治工程质量的评价朝着"满意"方向增加1.582746个 $logit$ 单位。农民对规划设计质量的评判主要通过经验判断,如规划设计符合农业机械化耕作,农业生产条件较农地整治之前有所改进,符合当地耕作要求,农民则会认为该项目区的规划设计是良好的。

(3) 农民参与农地整治项目情况(W_6)是影响农民对农地整治工程质量评价的显著因素,且回归系数为负数,即随着农民参与程度增加,对工程质量的满意程度上升。虽然样本中91.3%的村干部不同程度地参与农地整治项目,但是因为样本元素中普通农民占多数,且普通农民中只有53.3%的人低程度参与农地整治,因此该自变量对因变量的影响仍然非常显著。进一步的调研发现,没有农民全过程参与农地整治,即使是村干部,也只有34.5%的人参与了大部分的农地整治过程。由于农民的参与率低,且参与程度不够,项目从立项、规划设计、施工到后期管护很多方面都不符合农民的现实使用需求,未能有效提高农业综合生产率,致使农民对农地整治的希冀落空。

(4) 农民身份（W_4）是模型的显著性因素，且回归系数为正数。说明在同一个项目区内，村组干部与普通村民对农地整治工程质量的评判存在显著差异。与普通村民相比较，村组干部对农地整治工程质量的评价朝着"满意"方向增加 0.6413328 个 $logit$ 单位。即村组干部对工程质量的满意度整体高于普通农民的满意度。虽然农地整治项目实施实行项目法人制度，但地方政府在项目实施中占据主导作用，村组干部也在工程施工中起着协调作用，两者在一定程度上属于利益共同体。基于维护共同利益目标，村组干部对工程质量的描述必然从主观上更"满意"。而普通农民更能够从实际使用效果方面客观评价农地整治工程质量。由此印证，理性选择的村组干部在利益抉择中会选择与地方政府合作，并维护其共同利益。

(5) W_7、W_8 两个变量都是描述农民对地方政府的信任程度，回归结果显示两者都是模型的显著性影响因子，尤其是对乡镇政府的信任程度，其显著性水平接近 99%。之所以存在略微差异，一是因为农民本身对各级地方政府认知不同，从而对县政府和乡镇政府的信任存在客观差异；二是因为乡镇政府作为基层政府机构，与农民关系更为紧密，农民普遍认为在农地整治中乡镇政府应该比县政府承担更多的管理责任。两个变量的回归系数都为负数，说明随着农民对地方政府的信任程度增加，对农地整治工程质量的满意程度逐渐提高。针对这两个变量的描述性统计分析表明，普通农民对地方政府的信任程度较低，而村组干部对地方政府的信任程度相对要高很多。根据调研数据，将中间选项"一般"忽略，则农户对地方政府的信任程度如表 4.4 所示。对县政府的信任程度显示，村委会干部中有 18.2% 的人持不信任态度，45.5% 的人持信任态度；而与之相对应的是，42.6% 的普通村民不信任县政府，只有 12.8% 的普通村民表示信任县政府。对乡镇政府的信任程度也呈现相同的规律，村组干部中信任者所占比例远高于普通农民。

表 4.4　　　　　　　　农民对地方政府信任程度

项目 Item	县政府 County government		乡镇政府 Town government	
	不信任 Distrust	信任 Trust	不信任 Distrust	信任 Trust
村组干部	18.2%	45.5%	27.3%	40.0%
普通村民	42.6%	12.8%	57.0%	9.2%

一言以蔽之，村组干部较普通村民更信任地方政府。由此验证前文推论，当两个异质的委托人（地方政府、农民）的利益目标不一致时，共同代理人村干部存在与强势委托人（地方政府）合谋的冲动，其行为必将偏袒强势委托人，这就不难理解村委会干部对地方政府的信任度较高。当弱势的委托人农民发现地方政府与村干部的合谋行为后，必将产生抵触心理，对地方政府施政产生怀疑，并将农地整治工程质量低下的主要原因归咎于其合谋行为。

五 共同代理研究结论与启示

从模型分析和实证研究可以看出，地方政府是导致共同代理效率低下的主要原因。在农地整治中处于强势地位的地方政府如果所追求的不是满足农民利益的目标，则将直接导致共同代理效率的降低。但在制度设计和立法理论上，政府应当是民众的代理人，所以关键在于推动地方政府真正成为农民的代理人。在地方政府成为农民的代理人之后，原有的共同代理模式得到改进，地方政府与农民便成为利益一致的同质委托人，村干部作为双方的共同代理人接受委托人的联合任务，而且地方政府可以充分利用其强势地位促使村干部为农民利益服务。

至关重要的是，当地方政府成为农民的代理人，与农民的利益目标一致时，中央政府、地方政府与农民三个利益主体将拥有共同的利益目标，成为同质委托人，则其他的共同代理人——基层土地整治中心和施工企业面对的也是同质的委托人，而不是异质委托人，农地整治的效率势必大为提高。

基于上述结论与改革思路，政府主导模式的农地整治可从三方面进行改进：(1)转变地方政府职能，强化其服务代理意识，明确地方政府在农地整治的角色——提供高效公共物品的服务者，同时改变现有政绩考核体系，凸显地方政府的服务职责，使地方政府彻底以村民的长远利益为目标，消除所谓的异质性委托人之间的任务替代性，避免共同代理人与强势委托人的利益共谋，从而提高委托代理效率。(2)构建完善的农民参与体系，设置科学合理的参与制度，激发农民的参与热情，并将农民的有效参与作为农地整治后评价的重要指标，促进地方政府履行应有职责。(3)由于农地整治中代理人的投入在现实中是难以观测到的，只能依靠项目完工后的效益来判断地方政府、村委会和施工单位的行为来衡量项目带给农民的收益或者损失，而这种事后评判机制无法避免代理人的道德风险问题。因此，应建立健全农地整治项目的社会监督制度，尤其是强化项目区农民的社会监督力量，有利于显化代理人投入和行为，减少道德风险，提高农地整治效率。

第四节　"农民自治"模式中的农户间关系契约

"农民自治"模式下第二层次的委托代理关系表现为农民集体将项目委托给专业性农地整治企业，即农民作为一个整体与外部企业之间形成的标准契约关系。但是，农民集体是众多农户的集合，农户内部之间通过一定的关系纽带联结起来，农地整治的自行实施本质上就是关系契约的履行。

理想的契约要求契约内容完全清晰，但在现实中完全契约难以达成。由于有限理性的存在，使得法律不可能非常完善，契约也不可能预计到所有的问题，这就给契约的执行造成困难，为此很多契约执行都依赖于合作者的长期交易关系以及在长期合作中形成的法律之外的"人质、抵押、触发策略、声誉"等保障机制，由此导致关系契约的产生。作为不完全契约，关系契约并没有考虑所有的未来偶然性但却是一种长期性的合约安排，合作各方未能将内容条款在契约中详尽陈列，但过去、现在和预期未来的个人之间的关系在契约中非常重要。从一定程度而言，关系契约是隐性的、非正式的和非约束性的，自我履约在此具有重要作用。威廉姆森（1985）把关系契约引入交易成本理论，认为关系契约可用于解决由于专有性投资造成的签约后的机会主义行为。由于有限理性和高昂的交易费用，关系性契约会有一定的弹性，允许在合作过程对有关事宜进行不断的协商，受法律保护的程度也是有限的，因此对机会主义行为的遏制主要是采用非法律形式进行制裁。正如威廉姆森（1985）所说的"私人裁决"，抵押、人质、声誉、承诺等都是私人裁决的形式。农民自治模式的农地整治在一定程度上是农户间关系契约的履约过程，从项目立项到具体的实施过程，农户的民主协商一直贯穿其间并自我履约，符合关系契约的特点。

一 农户间关系契约的特点

1. 关系嵌入性

"关系"是指关系性契约得以存在的前提。契约是为合作交易服务的，而每项合作与交易都嵌入在复杂的关系中，交易合作各方都不是陌生人，人们之间的互动大多发生在契约之外，无须法院根据条款来督促执行，取而代之的是合作或者私人裁决。农地整治一般以村集体为项目单位，农户在一个村庄内长期生产生活，农户间彼此了解，悉知彼此秉性。如何在农地整治过程达成协议？契约的哪些条款需要事前规定？如何对违约行为进行惩处？诸如此类的契约内容，农户都是通过对村庄中农户了解的基础上构建的。在这种熟悉的语境下，关系的嵌入性有利于农户对契约内容的准确判断和理解，减少摩擦纠纷等导致的交易费用。

2. 自我履约性

农地整治中的土地权属分配、工程建设等项目实施过程虽然通过农户的集体协议实现，但是协议或者契约的内容比较简单，通常是就某一项内容罗列一些条款并签字画押，甚至是口头协议，因此契约的履行很大程度上依赖于自我履约机制，由于有限理性和交易费用的存在，合作中出现问题往往通过谈判或者其他补偿措施进行处理。例如，广西龙州县的农地整治中，少数农户在土地权属调整时抽签得到低质量的土地，从而产生纠纷，"并地小组"按照协议的既定原则对农户进行适当补偿后，农户往往能够自我履行契约，接受土地权属调整结果。权属调整方案是农民集体磋商并投票通过，少数农户若违背契约，所耗费的成本将高于增加的收益，并且农户的声誉将受损，因此自我履约是明智之举。

3. 条款开放性

由于农地整治的实施以及未来发展具有很大的不确定性，农户在签订契约时通常只是一个意向性和目标性的协议，对具体的实施方案和事务处理保持一定的弹性，属于开放性的契约条款，这就决定了农民自治模式的农地整治实际上是一个分阶段的不断进行商议和表决的过程。广西龙州县的农民自治农地整治就是一个民主协商、村民自治的典范，课题组调研的5个实施农民自治模式的村屯中，在动员阶段村民针对是否申请立项先后召开2—4次会议，一般而言，每个村屯会有少数几位农户反对，村委会则逐户动员，直到全体农户同意才进行项目申请。在项目实施阶段主要是对农地整治方案和土地权属调整方案进行商议，期间召开全村大会的次数为5—13次，其中弄灰屯就土地权属工作召开村民会议多达10次。也就在这种不断的协商中，农地整治方案一步步完善，并符合绝大多数农户的利益需求。事实上，这种自发的协商是某种程度上的"非法律性"协议，农户间较好的合作关系降低了协商的交易费用。

二 农户间关系契约的表现

以广西龙州县为例，农地整治的实施，尤其是俗称"小块并大块"的土地权属调整具有鲜明的关系契约特点。从该过程可以发现关系契约在农地整治中发挥重要作用，因为农户间的彼此了解，相互信任并自我履约，从而减少监督等交易费用，提高农地整治效率。

1. 契约简单而富有弹性，却有较强约束力

在中国农村，村庄社会关联体现为差序格局，人们之间的关系是以个人为核心的网络化结构，每个人所处的位置不同，家庭和宗族成为解决公共事务的功能性组织，形成一个双层的基本认同与行为单位。当"自上而下"的国家行政权力没有干涉自发性的农地整治项目时，以法律关系为主要内容的正式规则被忽略，取而代之的是以文化传承为基础的非正式规则。农地整治过程达成的一系列协议即为典型的非正式契约，甚至是口头契约。譬如，广西龙州县在农地整治动员阶段，当村民大会三分之二以上的农户同意进行农地整治时，公示之后就可以启动项目，执行的是农户们的口头协议。

整个农地整治过程最为正式的契约就是土地权属分配。在并地小组的组织下，对每户拥有的土地进行实地丈量、登记，并签字按手印，作为后续分地的凭证。分地结束后，所有农户在分地结果确认表上签字并按手印确认结果。与一般法律契约不同的是，这两份契约没有各种法律条款，只是对土地面积和地理位置的确认，但在农户心目中却等同于正式的法律合约，也是对各农户权利义务的认可。由于契约比较简单，很多执行过程中的问题并未事前预见，因而农地整治的实施过程常伴随着农户间的谈判与合作，体现了契约的弹性特征。

传统的家庭、宗族制度与现代的农民集体经济组织相结合，产生的农地整治理事会（或并地小组）成为处理农地整治事务的权威组织，虽然没有法律等第三方对契约的监督与规范，但是根深蒂固的宗族观念与人们对声誉的顾虑，使得农户普遍遵守契约。龙州县的农民自治模式实施中，按照既定的土地权属分配流程，必然会有部分农户分到质量较差的地块，但据课题组调查，每个村屯因此不满的农户仅有1—2户，且最终都在并地小组的协调下接受分地结

果，没有出现大的纠纷。受访的 138 位农户中仅有 9 人表示出现纠纷，占总数的 6.5%，而且其中 7 人是因为权属调整后得到低质量土地而不满，经过村干部的调解顺利解决。但在政府主导模式下，受访的 134 位农户中有 18 人表示发生过纠纷，占总数的 13.4%，且纠纷中不乏对施工质量不满而向各有关职能部门上访的情况，其中 6 位农户的纠纷处理时间在 10 天以上。可见，简单的契约对农户依然具有较强的约束力。当然，得益于对村庄社会环境的全面了解，农民自治模式下的并地小组成员能够制定恰如其分的规范来约束人们的行为，尽可能减少纠纷和搭便车现象，故农地整治的运作井然有序，纠纷发生率明显低于政府主导模式，而且在并地小组的协调下能够短时间解决。

2. 农户投工投劳，自我履约程度高

威廉姆森（1985）等新制度经济学家认为，关系契约的治理模式主要通过人质或可信性承诺等来防范机会主义，从而实现其效率。而且，大多数对关系契约的研究都强调了关系契约必须是可自我履行的，从重复博弈角度分析，关系契约的自我履行会达到子博弈完美均衡。关系契约的自我履行依赖于交易各方对违约收益和成本的比较，当且仅当交易当事人认为遵守协议是各方的利益所在，且自认为彼此的交易关系可以无限重复时，则会选择自觉遵守契约。其次，声誉的力量能够促使交易伙伴在外界环境变化时，仍按照初始契约的安排完成交易。

龙州县的农地整治中自我履约程度较高也是农户对违约收益和成本进行权衡之后的选择。整个农地整治过程中，最容易出现机会主义倾向的就是农户投工投劳进行工程建设阶段。一般而言，农地中的田间道路修建难度较低，农户多为投工投劳自行修建。"偷懒"是集体劳作中最常见的机会主义行为，但课题组在对龙州县的调研中并未发现"偷懒"之类的"搭便车"现象。农户普遍认为"偷懒"带来的收益是有限的、短暂的，但是付出的代价相对较高：农地整治是造福子孙后代的惠民工程，质量低劣的工程必将损害自身的长远利益。利弊权衡之下，理性的农户必然不会选择高成本的机会主义行为，而是选择自我履约，以期在后续的农地整治建设以及后期管护中农户间进一步合作，提高农地整治效率。

3. 农户间相互信任，监督费用较低

在关系契约的治理中，信任被作为最主要的治理机制。几乎所有的经济学家认为，较高的信任水平可以降低交易成本，提高社会组织的运行效率。[①] 霍布斯（1651）认为，相信包含两种含义：一种是对某人所说的话的看法；另一种则是对某人品德的看法。农民长期生活在一起，熟悉彼此的品行，深知哪些人值得信任，哪些人需要监督。而且，农户有着共同的过去，也期待一个共同的未来；维护自己在群体中的信誉对每个农户都很重要。拥有信守承诺、至诚相处和可以相处的声誉是一种珍贵的资产。[②] 因而在农地整治中人们能够彼此信任、快速达成协议。

在广西龙州县的调研发现，该模式的前期动员工作常常是在田间劳作过程中完成。在施工过程，如果是投工投劳，完全无须刻意监督，人们在共同的劳作中彼此了解，相互信任，即便是偶尔的监督也是在工作中无意而为，正如奥斯特罗姆（1990）所言，在这种集体劳动中，监督往往成为工作的副产品，耗费的监督费用微乎其微。如果项目工程承包给施工企业，由并地小组对施工企业进行管理和监督，村民对并地小组的工作拥有监督权利。但是调研发现，仅有6.3%的农户认为需要监督并地小组的工作，93.7%的农户认为无须监督并地小组，问及原因，高达96.4%的农户选择相信并地小组的工作。由于并地小组成员都是村民民主投票选举产生，在村民心目中具有较高的威望和信誉度，监督就成为可有可无的事情了。由此可见，农民对自己熟知的并地小组，即农地整治的组织管理者保持较高

[①] 张维迎、柯荣住：《信任及其解释：来自中国的跨省调查分析》，《经济研究》2002年第5期。

[②] ［美］埃莉诺·奥斯特罗姆：《公共事务的治理之道——集体行动制度的演进》，余逊达、陈旭东译，上海译文出版社2012年版，第107页。

信任度，故交易费用较低。

本章小结

（1）农地整治模式都具有两个层次的委托代理关系：第一层次为中央政府与地方政府的委托代理关系；第二层次是多方利益主体之间的多重委托代理关系链，政府主导模式和农民自治模式在治理形式上的差异主要体现在该层次上。农民自治模式下，农民自行进行项目的施工建设，农户间的合作体现了关系契约特征，长期相处形成的信任、声誉等促进关系契约的良好运行。政府主导模式中的地方政府、村干部、专业性农地整治企业都具有共同代理特征，委托人的农地整治目标不同致使共同代理人的行为倾向于与强势委托人合谋，损害弱势委托人利益，降低农地整治效率。

（2）农民自治模式的农地整治中，农户间的关系契约发挥了重要作用。首先，关系契约虽然简单却富有弹性，对农户的行为具有较强约束力；其次，在农户投工投劳的契约执行中，基于声誉和收益的考虑，农户的自我履约程度高；此外，农户间的彼此了解，相互信任并自我履约，有利于减少监督等交易费用，提高农地整治效率。

（3）政府主导的农地整治模式中，当两个异质的委托人（地方政府、农民）的利益目标不一致时，共同代理人——村干部存在与强势委托人（地方政府）合谋的冲动，其行为必将偏袒强势委托人，损害农民利益，导致共同代理效率的降低。因此，完善该农地整治模式的关键在于推动地方政府真正成为农民的代理人。在地方政府成为农民的代理人之后，原有的共同代理模式得到改进，地方政府与农民便成为利益一致的同质委托人，村干部作为双方的共同代理人接受委托人的联合任务，而且地方政府可以充分利用其强势地位促使村干部为农民利益服务。进一步地，当地方政府成为农民的代理人，与农民的利益目标一致时，中央政府、地方政府与农民三个利益主体将拥有共同的利益目标，成为同质委托人，则其他的共同代理人——基层土地整治中心和施工企业面对的也是同质的委托人，而不是异质委托人，农地整治的效率势必大为提高。

第五章 农地整治的交易费用测量：一个典型案例

产权安排揭示了不同农地整治模式的治理逻辑，关系契约和共同代理展示了两种农地整治模式的治理形式，可见，从内在的产权逻辑关系到外在的表现形式，两种典型的农地整治模式均有所差异，其治理成本与实施效率必定存在一定的差距。从制度经济学角度审视，制度安排的选择是为了降低交易成本。[①] 每一种模式的创新都意味着制度的约束条件发生改变，交易费用也随之变化。因此，衡量经济活动过程的交易费用对于理解制度及其治理缘由、运行绩效可谓秉要执本。

第一节 交易费用理论依据

一 交易费用及其分类

科斯于1937年在其经典论文《企业的性质》中首次提出了交易费用的思想，认为"企业的显著特征就是作为价格机制的替代物"。1960年，科斯又进一步补充："为了进行市场交易，有必要发现谁希望进行交易，并告诉人们交易的愿望和方式，通过讨价还价、谈判、缔结契约、实施监督来保障契约的条款得以按要求履行。"阿罗

---

① [美]道格拉斯·C.诺思：《制度、制度变迁与经济绩效》，杭行译，格致出版社、上海三联书店、上海人民出版社2012年版，第172页。

(1969）则认为"交易活动是构成经济制度的基本单位"，把交易费用定义为"经济系统的运行费用"。威廉姆森（1985）接受了阿罗对交易费用的定义，认为"交易费用在经济中的作用相当于物理中的摩擦力"，并以有限理性和机会主义行为为假设前提，用资产专用性、交易频率和不确定性三个维度刻画交易费用，很好地解释了交易费用的成因，最终使交易费用理论形成了比较完善的体系，推进了新制度经济学的发展。张五常（1989）认为交易费用是一种"制度成本"，是人与人的社会关系中的费用，是鲁宾逊经济中不可能存在的所有的各种各样的费用，也就是说，除了那些与物质生产和运输过程直接有关的费用以外，所有可想到的费用都是交易费用。他还强调产权交换对企业产权安排的依赖关系、交易费用对契约选择的制约关系。巴泽尔（1997）则把交易费用定义为转让、获取和保护产权有关的费用。如果交易费用大于零，产权就不能完整地界定。产生交易费用的原因在于商品有多种属性，每一种属性都有可变性，这就使获取商品全面信息非常困难，因此并不能完全测量出交易费用，界定产权也就困难重重。诺思（1997）定义交易费用为规定和实施构成交易基础的契约成本，因此包括那些经济从贸易中获取收益而产生的政治成本和经济组织的所有成本。弗鲁博顿（1997）也将交易费用定义为人际交往的一切费用，并指出交易费用是源自建立、使用、维持和改变法律意义上的制度和权利意义上的制度所涉及的费用。

　　诺思（1986）将交易费用划分为市场型和非市场型。市场型交易费用能够通过市场交易进行衡量，而非市场型交易费用无法通过市场交易衡量，例如贿赂政府官员的费用、排队等候的费用。弗鲁博顿（1997）对交易费用的分类与诺思有异曲同工之妙，把交易费用划分为市场型、管理型和政治型。市场型指市场交换中所需的信息和谈判费用；管理型交易费用是建立和维持或改变一个组织设计，以及组织运行的费用；政治型交易费用则指建立、维持和改变一个体制的正式和非正式组织以及政体运行的费用。威廉姆森（1985）将交易费用划分为事前交易费用和事后交易费用两个部分。事前的交易费用包括起草协议、合同谈判和保障协议执行所需要的费用；事后交易费用指解决契约本身存在的问题时从改变条款到退出契约花费的成本，包括不适应成本、建立及运转成本和保障成本。

纵观交易费用概念的发展，从最初科斯的使用价格机制的费用，到阿罗和威廉姆森诠释的市场经济系统运行费用，再到诺思、张五常等经济学家认为的制度运行费用，其从宏观层次历经由窄至宽的变化。而在微观层次上，交易费用内涵更是各有侧重，各具特色。由于交易费用内涵宽泛，至今学者们都未对其做统一定义，因而从具体操作层面对交易费用的测量更是方法多样、层出不穷。

二　公共政策的交易费用测量

由于交易费用概念的模糊，且没有明确的边界，使得交易费用测量研究中也没有统一性。当前交易费用测量大多从宏观上进行测量，微观测量主要是针对某个行业的市场交易费用进行探索。交易费用于公共政策效率的测量，国外研究多见于对环境政策交易费用评估。

科尔比（Colby，1990）阐释了政策实施所产生的交易费用，将其界定为"政策诱致型交易费用"，并进行实证研究。他计算出等待政府审批所需耗费的时间，并比较美国科罗拉州、新墨西哥州和犹他州的水转让费用，得到每单位水转让的政策诱致型交易费用分别为187美元、54美元和66美元。布朗（Brown，1992）、豪伊特（Howitt，1994）也对水资源转让的交易费用进行研究。麦肯和伊斯特（McCann and Easter，1999）针对明尼苏达河的非点源污染问题，政府治理污染可供选择政策的交易费用进行计量分析，测度每项可供选择政策所需的交易费用，结果显示对使用磷肥征税是最优政策。

麦肯（McCann，2005）建立了一个政策型交易费用测量的框架，他指出：在计量政策的交易费用时，应根据不同类型的交易费用采用不同的方法，有时还要把几种不同的方法结合起来。有些交易成本是显性的，有些是隐性的；有些是事前估计的，有些是事后计量的。

麦肯（McCann，2013）构建了一个环境政策设计框架，力求在环境政策设计中考虑交易成本和减排成本的物质与体制决定因素，阐析了影响交易费用的制度因素及其效应。该框架还强调了产权的重要性，因为交易费用会激发人们获得或保留产权，而且权利配置也会影响成本的大小和分配。

布洛尔、坎迪尔和友（Blore、Cundill and Mkhulisi，2013）对自然保护区共同管理的交易费用进行了测量，开发并测试了南非东开普省自然保护区的共同管理交易成本模型。交易成本的测度主要是将参与者每年用于会议的总时间进行量化，以及日常工作中参与者出席相关会议所耗费时间的机会成本和差旅费用。该研究开发的模型提供了类似共同管理领域监测交易成本随时间变化的实用手段。

纵观上述研究，学者们都认为在政策选择和政策设计中，交易费用对政策的效率和可持续性具有较大影响。在实证研究中，他们通常将交易费用定义为交易达成额外需要的成本或者经济制度建立和运行的成本，通常将其分为7类：(1)在界定产权过程中，信息收集、分析与研究的成本；(2)颁布授权法的成本；(3)政策的设计和执行成本；(4)正在进行的项目的维护和管理成本；(5)签订契约的成本；(6)检测成本；(7)解决矛盾的成本。

第二节　农地整治模式的交易费用模型

为了更直观地阐述不同农地整治模式带来交易费用的差异，本书将借鉴田国强（2001）和王希（2009）的产权安排经济模型进行分析。农地整治模式的不同主要缘于执行主体和实施方式的差异，表面看似制度安排存在差异，剥离制度表现，不难发现制度差异的实质在于各模式中政府与农民的权利的迥异。政府主导的农地整治中政府拥有项目的剩余控制权，但在农民自治模式中农民享有项目的剩余控制权，政府仅充当协调人角色。因而权利赋予与制度安排的差异导致模式运行的效率差异，并引致交易费用不同。

制度是一个社会的博弈规则，是一些认为设计的、形塑互动关系的约束。[①] 制度包括制度环境和制度安排两个范畴。前者是指政治、法律和社会规范的集合，是经济运行的基础。而制度安排则是管制经济单位合作或竞争的方式。[②] 农地整治模式是政府、农户和企业之间进行合作生产的方式，应当属于制度安排。由于现阶段各区域农地整治模式纷繁错杂，不同区域的整治模式各具特色，甚至同一区域内多种农地整治方式交织共存，但是大的经济制度环境却是相同的，因此，可将制度环境视为外生因素，暂且不考虑其变化，只针对模式运行中的内生因素进行静态比较分析。

一 模型假设

现有农地整治模式呈多样化，无法分析全部模式，本书将就两种最典型的农地整治模式——农民自治模式和政府主导模式进行探讨。农民自治模式是自下而上的政策执行方式，农户的权利保障力度最大，而政府主导模式则是自上而下的政策执行方式，农户的权益最难以维护，由于两者权利状态不同，农地整治效果也存在差距，交易费用的组成和多寡也大相径庭。

本模型将农地整治的制度环境，即社会政策与法律环境作为外生变量，用变量 ρ 表示，其取值在 0—1。当 $\rho = 1$ 时，制度环境非常宽松，经济自由度高，农民能够根据自己需求通过市场配置土地资源；当 $\rho = 0$ 时，制度环境过于严苛，行政命令色彩浓厚，农民完全没有权利支配使用土地资源。此外，模型的假设条件如下：

（1）农民自治模式和政府主导模式的实施主体分别为农民集体和地方政府，由农户选出来的代表或者村干部（以 c 表示）为前者的实际管理者，政府官员（以 g 表示）为后者的实际管理者。

（2）在制度环境还不够完善的情况下（$0 < \rho < 1$），农地整治受

[①] [美] 道格拉斯·C. 诺思：《制度、制度变迁与经济绩效》，杭行译，格致出版社、上海三联书店、上海人民出版社 2012 年版，第 3 页。

[②] 田国强：《一个关于转型经济中最优所有权安排的理论》，《经济学》（季刊）2001 年第 1 期。

到内部管理活动（M）和外部管理活动（R）的影响。前者主要包括项目实施中的方案设计、权属调整、施工管理、质量监督管理、内部人力资源分配与协调、经费管理等；后者主要是指通过良好的人际关系通过项目审批、获得充足的经费和优惠政策，并与施工企业沟通协调的能力。为简化分析，采用线性生产函数形式表示农地整治的收益：

$$B = F(R, M; \rho) = (1-\rho)\alpha_1 R + \rho\alpha_2 M \qquad (5-1)$$

令 $A_1 = (1-\rho)\alpha_1, A_2 = \rho\alpha_2$，则：$Y = A_1 R + A_2 M$

公式中，$(1-\rho)\alpha_1$ 为管理者的边际外部管理收益，$\rho\alpha_2$ 为边际内部管理收益。可见，$\rho = 0$ 时，内部管理的作用丧失殆尽，对农地整治起作用的是管理者的外部管理能力，这种情况出现在高度集权的计划管理体制中，中央政府控制农地整治的一切事务，项目只能通过行政指令方式执行。当 $\rho = 1$ 时，外部管理就没有存在必要了，市场经济完善，政治法律环境宽松，农地整治项目完全由市场决定供需。

（3）村干部作为农民集体选举的代表，农地整治项目区的了解胜过地方政府官员，而且掌握农户相关情况，在组织农户开展农地整治项目上具有绝对优势，是地方政府官员无法比拟的，因而村干部的内部管理能力强于地方政府官员；反之，无论与施工企业合作，还是与相关部门的沟通，地方政府在外部管理上无疑具有天然优势。由于内、外部管理皆为耗时过程，花在管理上的时间越多，管理决策与公共关系的质量就越高（田国强，2001）。假定村干部 1 单位时间的内部管理能力（λ_{mc}）为 1，而地方政府 1 单位时间的外部管理能力（λ_{rg}）也为 1，则 $\lambda_{mc} = 1, \lambda_{rg} = 1$。显然，村干部的外部管理能力（$\lambda_{rc}$）要小于其内部管理能力，而地方政府的内部管理能力（λ_{mg}）也逊于其外部管理能力，因此 $0 \leq \lambda_{rc} \leq \lambda_{mg}$。由此，村干部的内、外部管理的边际收益分别为 A_1 和 $A_1\lambda_{rc}$，而地方政府的内、外部管理的边际收益分别为 $A_2\lambda_{mg}$ 和 A_2。

（4）考虑到农地整治具有一定的外部效应，譬如，改善农村生态环境、促进农村经济发展。特别是农地整治后可能会增加耕地面积，其新增耕地指标往往被地方政府通过土地增减挂钩方式用于置换建设用地指标，进而提高土地财政收入。而这正是地方政府追求的政绩，是政府在农地整治中努力的目标。当然政绩的多寡取决于政府的行政管理活动 S。外部收益函数为

$$B = T(S;\rho) = \gamma\rho + (1-\rho)S$$

式中，$0 \leqslant S \leqslant 1$，$(1-\rho)$ 为政府行政管理的边际收益，而 $\delta\rho$ 是农地整治本身产生的外部收益，例如生态环境改善、农业收入提高，即便是政府不作为，只要进行农地整治必然带来的外部收益。

从收益函数可以看出，地方政府的政绩除了与其行政管理活动的努力程度有关，还取决于制度环境，在高度集权的行政管制下，政府的政绩收益越大；反之，经济体制完善，市场自由度高，地方的政绩收益越小。

（5）假设农地整治的生产成本函数为二次型，即

$$C(R, M, S) = \frac{R^2}{2} + \frac{M^2}{2} + \frac{S^2}{2}$$

则农地整治的净收益为

$$Y = F(R,M;\rho) + T(S;\rho) - C(R,M,S) \qquad (5-2)$$

（6）交易费用能够凸显农地整治模式的效率，却难以直接衡量。从交易费用经济学角度看，经济运行的总成本包括生产成本和交易成本，而农地整治净收益为收益与生产成本之差，即传统意义上的净收益并未剔除交易费用。在既定的制度环境下，若计算出帕累托最优状态下的农地整治净收益，并将各农地整治模式的净收益与最优状态下的净收益相减，所得差额即为各模式运行的交易费用增值（TC），该数值能够刻画不同农地整治模式的运行效率。

二 模型建构

为了使模型分析具有现实意义，模型建构将按照现行的农地整治模式进行阐述，分别对常见的政府主导模式和农民自治模式进行

探析。

1. 帕累托最优状态

前文已述，制度环境作为外生因素，因而对农地整治效率具有影响作用的只是制度安排、各管理者的能力与努力程度。在帕累托最优状态下，各管理者均发挥出最大能力。社会净收益函数为

$$\Pi = \max_{R,M,S} [F(R,M;\rho) + T(S;\rho) - C(R,M,S)]$$

$$= \max_{R,M,S} \left[(1-\rho)\alpha_1 R + \rho\alpha_2 M + \gamma\rho + (1-\rho)S - \left(\frac{R^2}{2} + \frac{M^2}{2} + \frac{S^2}{2}\right)\right]$$

最优解为 $R^* = (1-\rho)\alpha_1 = A_1$，$M^* = \rho\alpha_2 = A_2$，$S^* = 1-\rho$

此时，农地整治的净收益为

$$Y^* = F(R^*, M^*; \rho) + T(S^*; \rho) - C(R^*, M^*, S^*)$$

$$= \frac{A_1^2}{2} + \frac{A_2^2}{2} + \frac{(1-\rho)^2}{2} + \gamma\rho \quad (5-3)$$

2. 政府主导模式

政府主导模式下，地方政府主要采用行政命令方式管理项目，其目标是既要获得整治收益，又要取得政绩。而且地方政府拥有项目的实施权、决策权，在项目管理中起决定性作用，因此政府的利益目标决定了项目管理中 R、M 与 S 的均衡数量。但是在这个过程中，政府用于政绩管理的时间与精力会因为项目的具体实施而有所分散，则政绩管理能力为 $\beta_1 S_g$（$0 \leq \beta_1 \leq 1$）。政府的目标函数为

$$\Pi_Z^g = \max_{R,M,S} [F(R_g, \lambda_{mg} M_g; \rho) + T(\beta_1 S_g; \rho) - C(R_g, M_g, S_g)]$$

$$\max_{R,M,S} \left[A_1 R_g + A_2 \lambda_{mg} M_g + \gamma\rho + \beta_1(1-\rho)S_g - \left(\frac{R_g^2}{2} + \frac{M_g^2}{2} + \frac{S_g^2}{2}\right)\right]$$

均衡解为 $R_g^* = A_1$，$M_g^* = \lambda_{mg} A_2$，$S_g^* = \beta_1(1-\rho)$

此时，农地整治的净收益为

$$Y_z = F(R_g^*, \lambda_{mg} M_g^*; \rho) + T(\beta_1 S_g^*; \rho) - C(R_g^*, M_g^*, S_g^*)$$

$$= A_1 R_g^* + A_2 \lambda_{mg} M_g^* + \gamma\rho + \beta_1(1-\rho)S_g^* - \left(\frac{R_g^{*2}}{2} + \frac{M_g^{*2}}{2} + \frac{S_g^{*2}}{2}\right)$$

$$= \frac{A_1^2}{2} + \frac{\lambda_{mg} A_2^2}{2} + \frac{\beta_1^2 (1-\rho)^2}{2} + \gamma\rho$$

政府主导模式下农地整治项目增加的交易费用为

$$TC_z = Y^* - Y_z = \frac{(1-\lambda_{mg}) A_2^2}{2} + \frac{(1-\beta_2^2)(1-\rho)^2}{2} \qquad (5-4)$$

由于 λ_{mg}、β_1 和 ρ 的取值范围都介于 0 和 1 之间，因此 $TC \geq 0$，这就意味着政府主导模式的交易费用要高于最优状态。从公式的组成可以辨别政府主导模式的交易费用由两部分组成：

一是内部管理能力不足产生的交易费用，鉴于农村集体土地所有权人为农民集体，地方政府在管理中的角色只是代理人，项目区内的农民是委托人，因此该部分的交易费用主要是委托代理关系而产生的代理成本。众所周知，作为代理人的地方政府享有管理决策权，当代理人的行为不可观测时，由代理衍生的权力寻租则难以避免，因而此处的代理成本包含寻租成本。此外，因为地方政府以代理人身份对农地整治项目进行管理，其利益目标与农户目标并非一致，农户对地方政府行为必然质疑，纠纷和冲突在所难免，无形中增加代理成本。

二是政绩管理增加的交易费用，式（5-4）的第二项刻画了这部分交易费用。地方政府为了彰显其农地整治成果，凸显政绩，往往热衷于"形象工程""路边工程"的建设，导致生产成本和交易费用增加，降低农地整治效率。

3. 农民自治模式

农民自治模式下，农民是项目的实施主体，具有项目实施的知情权、实施权和决策权，且农民关注的只是农地整治收益最大化。地方政府关心的则是政绩，此时其管理能力为 $\beta_2 S_g (0 \leq \beta_2 \leq 1)$。在现有的农民自治模式中农地整治资金来源于中央或地方政府，一般地方政府会以工作经费形式从中按规定比例留取部分资金。农地整治项目规模越大，收益越大，所需资金就越多，地方政府留取的资金也越多。令地方政府留取的比例为 θ，则政府的收益可视为 θ 与农地整治收益

之乘积，农民的收益比则为 $1-\theta$。此时，农民的目标函数为

$$\Pi_n^c = \max_{R,M,S} \left[(1-\theta) F(\lambda_{rc}R_c, M_c; \rho) - C(R_c, M_C) \right]$$

$$= \max_{R,M,S} \left[(1-\theta)(\lambda_{rc}A_1 R_c + A_2 M_c) - \left(\frac{R_c^2}{2} + \frac{M_c^2}{2}\right) \right]$$

均衡解为 $R_c^* = (1-\theta)\lambda_{rc}A_1$，$M_c^* = (1-\theta)A_2$

地方政府的目标函数为

$$\Pi_n^g = \max_{R,M,S} \left[\theta F(\lambda_{rc}R_c, M_c; \rho) + T(\beta_2 S_c; \rho) - C(S_c) \right]$$

$$= \max_{R,M,S} \left[\theta(\lambda_{rc}A_1 R_c + A_2 M_c) + \gamma\rho + \beta_2(1-\rho)S_c - \frac{S_c^2}{2} \right]$$

均衡解为 $S_c^* = \beta_2(1-p)$

农民自治模式的净收益为

$$Y_n = \Pi_n^c + \Pi_n^g$$

$$= (1-\theta)F(\lambda_{rc}R_c^*, M_c^*; \rho) + \theta F(\lambda_{rc}R_c^*, M_c^*; \rho)$$

$$+ T(\beta_2 S_c^*; \rho) - C(R_C^*, M_c^*, S_c^*)$$

$$= \frac{(1-\theta)^2 \lambda_{rc}^2 A_1^2}{2} + \frac{(1-\theta)^2 A_2^2}{2} + \frac{\beta_2^2(1-\rho)^2}{2} + \gamma p$$

农民自治模式下农地整治项目增加的交易费用为

$$TC_n = Y^* - Y_n = \frac{[1-(1-\theta)^2 \lambda_{rc}] A_1^2}{2} + \frac{\theta(2-\theta) A_2^2}{2}$$

$$+ \frac{(1-\beta_2^2)(1-\rho)^2}{2} \qquad (5-5)$$

从式（5-5）的构成看，农民自治模式下的农地整治交易费用由3部分组成：一是农民缺乏外部管理能力而导致的费用，这部分主要是信息成本。由于农民对农地整治的政策、技术以及施工企业的状况缺乏足够了解，需要耗费时间和精力去搜寻信息，因此这部分主要包含信息的搜寻成本和谈判成本；二是政府介入引致的交易费用。现实中农民自治模式开展农地整治的经费也是由中央政府拨付，资金经由地方政府再流

向项目区，且地方政府履行协助管理职责，期间耗损的交易费用不可忽略；三是政绩管理增加的交易费用，虽然农民自行开展农地整治，但是地方政府作为强势的管理者，可以通过经费控制等方式在一定程度上诱使农民建设部分"政绩工程"，造成租值损失，增加交易费用。

如果单纯从式（5-5）的构成看，农民自治模式的交易费用似乎更繁杂，但是仔细观察，可以发现，其中的交易费用很大程度上是因政府的介入而产生。若将政府所得比例 θ 减小为 0，则：

$$TC_n = Y^* - Y_n = \frac{(1-\lambda_{rc})A_1^2}{2} + \frac{(1-\beta_2^2)(1-\rho)^2}{2}$$

（5-6）

显然，由于缺乏政府干预，式（5-6）描述的交易费用更为简单，其主要部分为外部管理交易费用，即信息成本。式（5-4）刻画的是政府主导模式的交易费用，其构成与式（5-6）如出一辙，孰优孰劣从形式上难以辨别，但深入探究交易费用的实质，可发现政府主导模式的代理成本难以控制。作为理性经济人的地方政府有其自身利益目标，并与农户的农地整治目标可能相悖，在监管体系不完善的情况下，权力寻租难以避免。而项目区内的村干部虽然也是农户的代理人，但其利益目标与农户一致，且农户可直接监督村干部行为，因此代理成本远低于政府主导模式。

一言以蔽之，农民自治模式的交易费用弹性很大，因此该模式的高效运行很大程度上取决于外生的制度环境。若中央政府加强对地方政府的监管，地方政府减少干预，交易费用能大幅度减少，在制度安排上比政府主导模式更具优势。

第三节 农地整治的交易费用测度：农户视角的实证研究

一 农地整治交易费用测度方法

威廉姆森强调，只有通过制度或者契约的比较，才能估计出它们

第五章 农地整治的交易费用测量：一个典型案例

各自的交易成本，且交易费用高低与企业的契约类型具有依存关系。交易费用的测量有序数与基数两种方式，虽然研究中仍存在争议，但本质上都是通过对不同契约的比较，反映契约的优劣。

McCann 和 Easter 针对政府治理明尼苏达河非点源污染的四种政策，分别进行交易费用的基数测度。该分析框架是建立在 Thompson 的制度交易费用研究基础上，并进行具体化，构建一个统计模型：

$$TC_i = \sum_{t=0}^{\tau} \beta_t (R_{it} + E_{it} + D_{it} + S_{it} + P_{it} + M_{it}) \quad (5-7)$$

式中，β 为贴现因子；i 表示政府采取的各种政策；t 表示时间，R 为信息搜寻费用；D 为政策设计与实施费用；E 为颁布授权法进行游说的费用；S 为项目进行中的维护管理费；P 为向法院起诉等冲突解决费用；M 为监督费用。研究中对明尼苏达河污染治理的四种政策分别进行统计分析，即教育培训、保护性耕作、为获取永久耕作与发展权的投资扩展计划，以及征收磷肥使用税。由于各项政策执行效果上存在时间差，有些交易费用是事先估计，而有些是事后评估，需要对不同时期的交易费用进行贴现。值得一提的是，在交易费用的测量中，有些费用很难直接统计，研究中采用条件价值评估法（CV）进行度量，询问每个被调查者对各政策的成本看法，而不是收益，并且将评估的成本代替社会成本，求和获得最终的交易费用估计。

农地整治作为一项公共管理政策，其交易费用的构成与测度也符合公共政策交易费用的特点，具有一定的类比性。根据农地整治项目的特点，本书拟将农地整治的交易费用分成 5 个部分：信息搜寻费用、前期谈判费用、项目执行费用、纠纷解决费用及监督费用。但考虑到农地整治交易费用影响因素繁杂，且量纲难以统一，故本研究无法计算交易费用总量，而是采用比较法衡量交易费用各组成部分，从而辨别各农地整治模式的差异。但在统计过程将考虑两个方面：（1）调研区域少数农地整治项目较早完成，时间跨度较大，应把当时所支付的费用换算成现值。鉴于农地收益率偏低，本书将一年期定期存款利息 2.5% 作为资金收益率，并采用复利计算；（2）农地整治中农户行为经常单纯地表现为时间成本的付出，未能以货币形式体现。交易成本可以机会成本的形式出现。Benham 认为，交易成本 C_{ijkm} 是在给定的制度环境 m 中，具备 i 特征的个体，在既定的交易模式下，j 为获得 k 品所付出的金钱、时间和商品的机会成本。故本书将部分农户行为的交易费用以机会成本代替，并采用条件价值评估法（CV）进行度量。因此，农地整治交易费用测量模型如下：

$$TC_i = \sum_{t=0}^{\tau} (R_{it}, N_{it}, C_{it}, P_{it}, M_{it})(1+\alpha)^t \quad (5-8)$$

式中，α 为资金收益率；i 表示农地整治模式，包括政府主导模式和农民自治模式两种；t 表示时间；R 为信息搜寻费用；N 为项目决策费用；C 为项目执行费用；P 为纠纷解决费用；M 为监督费用。

二 研究区域概况与数据来源

经济计量分析中影响变量的干扰因素通常有很多而且难以剔除，农地整治交易费用测量同样面临干扰因素复杂的情况，经济发展水平、政府管理、文化习俗、土壤地貌等自然条件差异很大程度上影响交易费用的比较。为了尽可能剔除干扰因素影响，笔者将研究区域范围尽可能缩小，使上述外部干扰因素的影响最小化。地处中国西南边陲的广西崇左市龙州县的农地整治模式呈现多样化特点，且地域范围小，符合研究需要。

在龙州县政府的农地整治宣传中，一直突出龙州"小块并大块"的操作流程，称之为"龙州模式"。课题组实地调研发现，其农地整治模式并非一以贯之，在不同时期不同村庄都有所差异，并且在政府的农地流转干预下，与农业经营方式进行组合，呈现多样化特点。但万变不离其宗，从农地整治实施的责任主体看，大体上只有"自下而上"的农民自治模式和"自上而下"的政府主导模式两种。

农民自治模式运行的责任主体是农户，其运作过程为：农户自行成立并地小组→思想动员→丈量耕地→原有耕地情况公示→农户签约→农户集体协商制定土地权属调整方案→并地小组规划设计机耕道→抽签分配土地→耕地平整、农户投工投劳修建机耕道。农地整治后多出来的耕地用于补偿因修建公共设施受损的农户，再有多余的地就留作集体土地，承包给农户，收益用于后期管护。整个过程完全由农民自发组织开展，从并地方案的讨论确定、田间道路的规划设计、耕地权属的重新分配完全是农民集体协商并自行实施。为了顺畅开展工作，村民集体投票选举产生一个并地小组，负责组织动员、耕地面积丈量、并地方案的协商决策、机耕道的规划设计等。该农地整治模式的最大特点就是遵循农民意愿，从并地决策、机耕道规划，到权属分配方案制订与实施，都是按照农民的意愿进行，期间也存在纠纷和冲突，但通过并地小组的工作，完全能够自行解决。

政府主导模式运行的责任主体为地方政府，市、县土地整治机构为项目法人，其流程如下：前期动员工作→政府组织成立并地小组→政府丈量耕地→原有耕地情况公示→农户签约→政府制订土地权属调整方案→政府聘请施工企业平整耕地→修建机耕道→政府组织农户抽签分配土地。近两年来，龙州模式声名鹊起，地方政府为了快速推进项目建设，部分农地整治项目采取政府主导模式开展。

龙州县耕地面积50000公顷，石山面积约123333公顷，主要经济作物为甘蔗，种植面积39000公顷，占耕地总面积78%。截至2015年9月，龙州县农地整治面积累计达19533公顷，占全县总耕地面积的39%，其中上龙乡、彬桥乡和下冻镇3个乡镇的农地整治工作具有典型代表性。本次调研采取随机抽样方式，从这3个乡镇中抽取12个村屯进行走访，共发放农户问卷285份，其中有效问卷272份，有效率95.4%。受访农户中普通农户257人，占94.5%，村干部15人，占5.5%，且对每个屯的干部进行深度访谈，详细了解村庄农地整治项目情况。按照农地整治模式分类，实行农民自治模式的村屯有荒田、弄农、板谭、那赧和弄灰5个屯，收集有效问卷138份；实行政府主导模式的村屯有下耶、板汪、弄平、板弄、那弄、那宋和清明7个屯，收集有效问卷134份。

三 研究结果及其分析

1. 测量指标

本研究交易费用测量主要是从农户认知视角,以农地整治的各环节为背景,考察农地整治过程中产生的信息搜寻费用、项目决策费用,项目执行费用,纠纷解决费用和监督费用。每项费用的具体测度指标如表5.1所示:

表 5.1　　　　　　农地整治交易费用测量指标

交易费用类型	交易费用测量指标
信息搜寻费用	1. 政策信息收集费用
	2. 参观费用（路费、食宿费）
项目决策费用	1. 前期谈判费用
	2. 土地整治方案制收费用
项目执行费用	1. 土地丈量技术服务费
	2. 土地权属调整费用
	3. 管理工作费用
纠纷解决费用	1. 误工费
	2. 上访费用
监督费用	1. 监督施工的概率
	2. 监督施工的报酬（或者机会成本）

2. 信息搜寻费用

于农民而言,农地整治的参与程度取决于他们对相关政策的了解情况。调研发现,98.1%的农户信息来源于村干部和政府的宣传、电视等媒体的报道,仅有1.9%的农户信息来源于其他渠道。政府与村干部的宣传通常与前期动员工作同时进行,可以将其合并到前期谈判费用计算。而通过电视等媒体了解政策的费用几乎可以忽略不计。

最直观地了解农地整治的方式就是实地考察,在前期动员阶段,部分普通农民利用闲暇时间自行前往周边村屯了解已经完工项目的实施效果，交易费用主要体现为公共交通费用或者摩托车的燃油费。当然，地方政府也会组织部分村干部前往崇左等农地整治示范项目区观摩，交易费用等于路费与食宿费用之和。调研显示，农民自治模式中外出参观的有23人次，参观费用总和1420元，平均每人次为61.7元；政府主导模式中外出参观的有36人次，参观费用总为3038元，平均每人次为84.4元。需要说明的是，农民自治模式中弄农屯和荒田屯都是最早开始农地整治的村屯，其整治过程是农民实践摸索出来的，也无从参观学习，因此，这两个村屯没有参观费用。那报屯、板谭屯和弄灰屯是近几年进行农地整治的，农民的参与意识较强，普通农民中外出参观的有19人次，政府组织的参观仅有4人次。而政府主导模式中普通农民参观的有24人次，政府组织的为12人次，占总参观人次的1/3。这说明农民自治模式中的农民主观能动性较强，更自觉关注农地整治工作。

3. 项目决策费用

（1）前期谈判费用

不管是哪种农地整治模式，前期动员工作实质上就是农民集体谈判过程，而且一般是利用晚上等闲暇时间以村民大会形式进行，每家由户主参加。因此，前期谈判交易费用即为农民用于谈判的机会成本，等于会议次数与每次参加会议的机会成本之积。由于每个村屯属于一个小项目区，对每个农户来说参加动员会议的次数是一致的。其次，参加会议可能会耽搁农民工作，而且开会时间一般是利用下午或者晚间，每次会议大约3小时。对务工者不妨用半天的务工收入代替，对在家务农者，则采用条件价值评估法测量农民参加会议希望的最低补偿，以此作为每位农户每次参会的机会成本。每个村屯的谈判机会成本即为前期动员会议次数与平均参会机会成本之积。笔者分别将12个村屯的前期谈判的机会成本计算出来，然后将两种模式的机会成本以每个村屯的户数为权重，求取加权平均数，得到每种模式的平均谈判费用（如表5.2所示）。

表 5.2　　　　　　　　　农地整治前期谈判费用

农地整治模式	村屯	前期动员会议次数（次）	平均参会机会成本（元/人次）	谈判费用 村屯（元/人）	谈判费用 平均（元/人）
农民自治模式	荒田屯	5	30.9	154.5	97.5（剔除弄农屯后为63.8）
	弄农屯	10	31.7	317.0	
	板谭屯	3	14.4	43.2	
	那㪚屯	8	5.2	41.6	
	弄灰屯	3	20.0	60.0	
政府主导模式	下耶屯	3	24.2	72.6	97.6
	板汪屯	4	31.9	127.6	
	弄平屯	3	37.0	111.0	
	板弄屯	3	14.8	44.4	
	那弄屯	5	18.0	90.0	
	那宋屯	6	31.5	189.0	
	清明屯	3	20.0	60.0	

从表中可以看出，弄农屯的谈判费用最高，前期动员会议次数也是最多的。弄农屯是农地整治"龙州模式"的发源地，没有任何经验可循，"小块并大块"的流程完全是农民多次集体开会商讨的结果。紧随其后的是荒田屯，由于两个屯开展农地整治的时间较早，分别为1999年和2001年，在计算过程中采用复利计息方式将当年的机会成本转换成2012年的现值。而其他项目开展的时间均在2012年左右，因此，其他项目的机会成本按照现值统计。值得注意的是那㪚屯前期动员会议次数较多，而且机会成本非常低。据了解，那㪚屯的农地整治与"并户联营"工作同时展开，即农地整治后将土地交由村中的大户经营管理，农民以入股方式参加。这是农民的自我创新，极大激发农民的参与热情，所以绝大多数被访农户都表示愿意无偿参加会议。

政府主导模式中前期动员会议次数最多的是那宋屯和那弄屯。这两个屯地处山区,交通不便,而且山地梯田较多,整治难度大,农民持有强烈的怀疑和抵触心理,农地整治动员工作较为艰难。而单次会议机会成本最高的为弄平屯。在政府引导下弄平屯的农民统一与农业现代化企业先签订土地流转协议,之后再进行土地整治。由于土地只是简单合并,并未将每户产权落实,即"分钱不分地",因此农民的土地归属感不强,对随后的农地整治缺乏参与热情。当询问农户参加土地整治会议希望的最低补偿时,该村农民普遍表示不愿无偿参加,所以单次会议的机会成本偏高。

从总体上看,农民自治模式的前期谈判费用为97.5元/人,与政府主导模式的97.6元/人几乎没有差异。但仔细观察,会发现弄农屯的前期谈判费用是其他村屯的2—7倍之多,皆因弄农屯是"第一个吃螃蟹"的村庄,且早在1999年农地整治政策不明确的情况下率先而为,风险很大,农民顾虑甚多,谈判费用高就不足为奇了。剩余11个村屯的农地整治虽各有特色,但都是以弄农屯为范本,弄农屯的成功经验消减了他们对农地整治风险的顾虑,减少不确定性,交易费用明显降低。倘若不计弄农屯的谈判费用,只是将农民自治模式的其他4个村屯的费用进行平均,结果为63.8元/人,远小于政府主导模式的谈判费用。

(2) 农地整治方案制订费用

农地整治方案的讨论也是项目决策的重要一环,对此农民都比较重视,积极参与方案的讨论与制订。问卷设计了两个问题:先了解农户参与方案设计会议的次数,再询问每次参与会议耽误正常工作的损失。将这两个问题的答案相乘即得到农地整治方案制订过程平均每位农户的机会成本。结果显示,农民自治模式中方案制订的机会成本是121.4元/人,而政府主导模式中方案制订的机会成本是149.0元/人。比较两组原始数据,发现农地自治模式中有36.4%的农户在回答参与会议的损失时认为方案制订大多利用农闲时间进行,不存在任何损失,且农地整治有利于改善生产条件,农民非常支持。在政府主导的模式中表示没有损失的农民只占22.6%,从而导致方案制订机会成本的差距。

4. 项目执行费用

两种农地整治模式中差异最大的环节就是项目实施阶段。农民自治模式中，农民自行商讨土地权属调整方案并执行：自主规划路网和沟渠，由并地小组负责聘请施工企业，土地平整则是在田地重新分配之后由农户自行完成。虽然平整之后往往达不到政府规定的坡度小于6度的标准，但是农民认为完全符合耕作需要。在政府主导的农地整治中，田地一律按照标准进行平整，然后规划路网沟渠，再进行土地权属调整工作。但是，土地平整中施工企业为减少生产成本，往往简单地将土壤的耕作层剥离以达到平整坡度要求，降低土壤质量，引发农民的不满。两相比较，农民自治模式的施工满意度为94.2%，而政府主导模式的施工满意度只有69.4%。

（1）土地丈量技术服务费

根据广西印发的《"小块并大块"耕地整治专项资金管理办法》的规定，用于土地清查、工程竣工测量、工程复合等技术性工作的技术费用标准为70元/亩，政府主导的农地整治模式按照该标准进行支出。在农民自治模式中，也存在该项费用，那赧屯是从村委"一事一议"经费中支出，其他村屯则是从农地整治集资款中支出。由于各村屯农地整治时间间隔较长，费用有所不同，但都在10元/亩到40元/亩，远远低于政府主导模式的70元/亩的标准。

（2）土地权属调整费用

土地权属调整工作主要是由各村的并地小组负责，按照既定的方案组织农民采用"二轮抽签法"抽签决定所有农户分地的顺序号、地块的位置与面积，并实地进行分配。由于事先已经确定土地权属调整方案，因此分地工作进行得都比较顺利。调查发现，两种模式在这一环节差距不大，农民自治模式中分地花费的时间平均为3.8天/户，而政府主导模式中分地花费的时间平均为2.9天/户。这种差距实际上是因为测量技术不同而导致的，因为实行农民自治模式的弄农屯和荒田屯开展农地整治时间较早，分地时测量技术还比较落后，效率低，而近些年进行整治的村屯进行土地测量通常采用 GPS 面积测量仪，提高了工作效率。

(3) 管理工作费用

由于农户集资的资金有限，调研的 12 村屯中只有弄灰屯每户集资 1000 元修建沟渠，将附近山顶的蓄水引入农田，其他 11 个村屯都是由政府利用专项资金修建，部分村屯的水利设施尚未动工。机耕道通常采用泥结石材质，修建成本比较高，也是由政府负责修建。因此，农民自治模式和政府主导模式在施工建设阶段最大区别就是土地平整和田间土质道路的修建过程。

"小块并大块"耕地整治专项资金管理办法中明确规定管理工作经费按奖补资金的 6.5% 计提，分配比例为县级各行政主管单位共 6%、村委 0.5%。办法规定，一般的土地平整与修建土质田间道路按 300 元/亩进行补助，也就是说仅平整土地的管理费为 19.5 元/亩。此外，政府主导模式中土地平整由政府聘请施工单位建设，其间的隐性成本，包括企业寻租所耗费的交易成本则难以为人所知。

对于农民自治模式的土地平整工程费用的调研，课题组采用条件价值评估法（CV）询问每一位农户对已完成土地平整工程的成本评估，并将其平均数作为土地平整的成本。结果显示，农民对土地平整的费用估计为 202.1 元/亩。对村干部的进一步调研得知，管理经费平均占到土地平整费的 4.6%，即 9.3 元/亩。值得一提的是，农地整治工作开展较早的弄农屯和荒田屯，土地平整和土质田间道路的修建均是农民利用农闲时间以投工投劳方式完成，并地小组成员则为村民提供无偿服务。因此，无论从管理工作经费的相对数量还是绝对数量上看，农民自治模式的管理工作经费更占有优势。

5. 纠纷解决费用

龙州县农民自创的"小块并大块"之所以闻名，就在于农地整治决策充分尊重农民意愿，土地权属调整方法科学合理。但其决策毕竟是建立在"少数服从多数"的集体投票规则之上，作为理性个体的农户都希望利益最大化，存在搭便车的企图，项目决策和执行过程冲突和纠纷在所难免。其中52.6%的纠纷是在土地权属调整过程产生。虽然土地权属调整前农户都已经签署承诺书，但是原来拥有优质土地的农民，如果并地后抽签分到劣质土地，仍会纠缠村干部或政府工作人员，甚至上访。15.7%的纠纷则是对土地平整质量感到不满，水利设施设计不合理与农作物损坏未赔偿导致纠纷的比例各占10.5%，因农田占用和道路设计不合理而产生的纠纷共占10.7%。一般而言，农民自治模式中的纠纷通常能够由村干部化解，而在政府主导模式中少数农户会将问题的根源归结为政府行为，甚至出现集体上访的情况。

纠纷与冲突增加了农地整治交易费用。小纠纷通常在村干部的调解下1—3天就能顺利化解，其交易费用是隐性的，主要是处理纠纷的误工费。课题组仍采用机会成本法统计误工费，将农民务工一天的收入作为误工机会成本。结果显示，被调查农户务工收入一般是80—120元/天，取其平均数95.8元/天作为误工机会成本。大纠纷一般要通过上访等方式解决，少则10天左右，多则1个月以上才能化解，因此计算时除了衡量误工的机会成本，还需计算上访的路费和食宿费等。通过下列公式可分别计算两种不同农地整治模式中纠纷处理耗费的平均交易费用：

$$纠纷解决费用 = (农户误工机会成本 \times 纠纷处理时间 + 上访费用)/纠纷数量$$

如表5.3所示，通过调查统计，实施农民自治模式的农户用于纠纷处理的时间共计为24天，而实施政府主导模式的农户用于纠纷处理的时间共计为102天。按照公式（3）计算，农户自治模式中的纠纷处理耗费的平均交易费用为316.6元/次，政府主导模式的纠纷处理平均交易费用为603.4元/次。首先从纠纷的数量上看，农民自治模式中138位农户仅有9人表示出现纠纷，占总数的6.5%，而且其中7人是因为权属调整后得到劣质土地而不满，经过村干部的调解顺利解决。但政府主导模式中 134 位农户有 18 人出现过纠纷,占总数的 13.4%,且纠纷中不乏对施工质量不满而向各有关职能部门上访的情况,其中 6 位农户的纠纷处理时间在 10 天以上,导致政府主导模式中纠纷处理的平均交易费用远远高于农民自治模式。

表 5.3　　　　　　　农地整治纠纷处理的交易费用

模式	纠纷数量（次）	纠纷处理时间（天）	上访费用（元）	误工机会成本（元/天）	纠纷解决费用（元/次）
农民自治模式	9	24	550	95.8	316.6
政府主导模式	18	102	1090	95.8	603.4

6. 监督费用

农地整治中存在多重委托代理关系,农民将农地整治委托给地方政府,地方政府又通过招投标方式将工程项目委托给施工企业。由于信息不对称,委托人一般难以观察到代理人的工作,且代理人容易隐藏信息与行动,因而对工程施工过程进行监督是保障建设质量的重要手段。农地整治中地方政府通常会聘请监理单位对施工进行监督,但是监理单位在利益驱使下可能选择与施工企业合谋,导致农地整治绩效不高(崔鲁宁,2014)。而当地农民是项目的第一委托人,具有先天的地缘优势和信息优势,在技术难度不高的情况下,让农民直接监督施工具有较高效率。因此龙州县的耕地平整和机耕道建设中,除了监理单位外,并地小组成员或者农户轮流对工程建设进行监督,但是不同整治模式的监督费用仍然存在差异。

研究中首先了解农民对施工监督的看法。结果显示,农民自治模式中,64.9%的农户认为不需要进行施工监督,其余 35.1%的农户认为有必要对施工单位进行监督。而在政府主导模式中,只有 45.2%的农户认为不需要施工监督,54.8%的农户持相反意见。课题组进一步测量农户参与农地整治监督的费用。与上文类似，采用条件价值评估法测量农户参与农地整治施工监督的机会成本，问卷直接询问农户如果参与施工监督愿意接受的报酬是多少。调查发现两种模式下的监督机会成本仍有差距，农民自治模式中51.1%的农户表示不需要报酬，愿意无偿参与施工监督；而政府主导模式中43.5%的农户愿意无偿参与施工监督。对于表示有偿参与监督的农户，两种模式下农户希望得到的报酬相差无几，农民自治模式中的农户希望的监督报酬平均为83.3元/天，政府主导模式中的农户期望报酬平均84.8元/天。此外，农民自治模式中耕地平整工作是由农户自行完成，不存在任何监督，监督费用为零；而政府主导模式中耕地平整均由施工企业实施，为保证施工质量还配备监理单位，其监督费用明显增加。将这两种模式下的监督交易费用进行综合比较，不难发现，农户视角下农民自治模式的监督具有显著的成本优势。

四 交易费用测量结果及解释

综合比较上述两种模式的农地整治交易费用，不难发现农民自治模式的交易费用优势明显。如表5.4所示，除了土地权属调整时间指标，其他指标显示政府主导模式的交易费用都偏高，因此可以从总体上判断，调研区域内农民自治模式的土地整治交易费用低于政府主导模式。其差距主要体现在项目执行的管理工作费用、纠纷解决费用和监督费用上。究其原因，政府主导模式更偏向于科层治理形式，地方政府以双重代理身份介入项目实施全过程，产生诸多委托代理问题。而农民自治模式中农户拥有较多的项目剩余控制权，项目实施过程更透明，减少了委托代理中因信息不对称而产生的交易费用。

（1）两种模式的本质差异就在于政府的介入程度。政府主导模式中，地方政府以共同代理人身份参与项目，一方面，接受中央政府的农地整治财政资金委托，负责资金的使用分配；另一方面，接受农民的农地整治项目委托，改善农地耕作条件。与此同时，地方政府还

承担

表 5.4　　　　　　　　农地整治交易费用比较

交易费用类型		农民自治模式交易费用	政府主导模式交易费用
信息搜寻费用(参观费用)		61.7 元/人次	84.4 元/人次
项目决策费用	前期谈判费用	97.5 元/人（剔除弄农屯后为 63.8 元/人）	97.6 元/人
	整治方案制订费用	121.4 元/人	149.0 元/人
项目执行费用	土地丈量技术服务费	10—40 元/亩	70 元/亩
	权属调整时间	3.8 天/人	2.9 天/人
	管理工作经费	9.3 元/亩	19.5 元/亩
纠纷解决费用		316.6 元/次	603.4 元/次
监督费用	监督概率	64.9% 的农户表示无须监督	45.2% 的农户表示无须监督
	监督期望报酬	51.9% 的农户愿意无偿监督	43.5% 的农户愿意无偿监督
		有偿报酬为 83.3 元/天	有偿报酬为 84.8 元/天

着经济发展、社会服务等多重委托代理任务。因此，在政策允许范围内，地方政府会尽可能变相利用农地整治项目来服务地方发展目标，整合项目资金用于打造新农村建设亮点，建设有利政绩的形象工程。作为"经济人"的政府除了考虑自身的政绩利益目标，还必须在自身与各利益相关者之间寻求平衡，涉及的利益链较长，仅政府部门而言就包括国土资源局、财政局、农业局、乡镇政府和村委会等，相关的企业还有规划设计、施工建设和监理企业等。因此，在这种多任务、多重身份的代理活动中，政府进行多方利益博弈和协调必然耗费过多交易费用，工作经费较高也就不足为奇。而在农民自治模式中，项目的法人为农民集体经济组织或者农户，规划设计和施工建设企业直接与农户对接，减少代理中间环节，利益链缩短甚至被摒除，交易

费用也随之缩减。因此,农地整治项目实施中地方政府应转变思维,从代理人变为指导者,在农民力所能及的范围内,将农地整治实施权和决策权直接赋予农民集体经济组织或者农户,放手让农民根据自身需求因地制宜建设项目,不仅减少交易费用,还能让农户获得更大满足感。

(2)信任程度影响了农地整治交易费用。几乎所有的经济学家认为,较高的信任水平可以降低交易成本,提高社会组织的运行效率。在政府主导模式的农地整治中,因委托代理关系而导致信息不对称现象必然存在。特别是当作为代理人的地方政府处于绝对强势地位时,信息不对称引致的道德风险问题发生概率大增。倘若以往的乡村治理中,地方政府信守承诺,能够实实在在地服务于民,良好的信誉度必将极大消除农民的顾虑。反之,若以往的政策执行中地方政府屏蔽信息、监督不力,农户对地方政府的信任度无疑会很低,过高估计农地整治的风险,与地方政府讨价还价,甚至阻挠施工,导致协议谈判、纠纷处理等交易费用明显偏高。

反观农民自治的农地整治模式,农民长期生活在一起,有着共同的过去,也期待一个共同的未来,维护自己在群体中的信誉对每个农户都很重要。拥有信守承诺、至诚相处和可以相处的声誉是一种珍贵的资产。因而在农地整治中人们能够彼此信任、快速达成协议,甚至有些村屯的前期动员工作就在田间劳作中顺利完成。并地小组是由农户选举产生的农地整治管理组织,虽然属于代理人角色,但其行为受到农户直接监督,且在项目建设中各项信息透明公开,农户对并地小组也保持高度信任感。因而在整个项目实施中该模式的纠纷数量并不多,而且均为小纠纷,不存在过多利益冲突,故能在短时间化解矛盾,因纠纷导致的交易费用并不高。由此可见,地方政府在项目管理过程有必要增加信息透明度,加强农户与政府的沟通,及时掌握农户诉求并做出反馈。良好的信息沟通有助于增加农户对政府的信任度,减少纠纷导致的交易费用。

(3)农地整治项目作为公共物品,其供给中容易产生"搭便车"

现象，尤其是在项目施工的监督过程。对于公共资源使用与管理的监督问题，学者们进行了广泛讨论，奥斯特罗姆通过对数个公共资源管理制度进行对比分析，发现公共资源使用监督中虽然存在"搭便车"现象，但是若监督者是资源的占有者或者对占用者负有责任的人，监督成本会较低。因为资源使用中两个利益相关的占有者会自行监督对方行为，监督成为他们利用资源的副产品。在农民自治模式的农地整治中，农户采取投工投劳方式修建田间道路，无须刻意的监督机制，工程普遍顺利完成。问及缘由，农户认为土地整治方案是全体村民表决通过，也制定了详细的规则，村民们多年同一集体相处，彼此了解，基于自身利益和声誉考虑，没有理由懈怠工作。其实在集体修建田间道路的过程中，农户之间已经形成相互监督的格局，每一位农户在监督他人的同时，自己也被其他农户监督，因此，这种合作模式使得监督成为农户们共同管理的副产品。但是对于施工企业，农民普遍觉得需要进行监督。因此，在项目区鼓励农户以投工投劳的方式参与农地整治项目不失为一种有效措施，既能保证农地整治项目的施工质量，又能有效降低监督费用。

本章小结

农地整治交易费用模型理论分析表明，政府主导模式的代理成本难以控制。作为理性经济人的地方政府有其自身利益目标，并与农户的农地整治目标可能相悖，在监管体系不完善的情况下，权力寻租难以避免，使其代理成本高于农民自治模式的。另一方面，农民自治模式的交易费用弹性很大，该模式的高效运行很大程度上取决于外生的制度环境。若中央政府加强对地方政府的监管，地方政府减少干预，交易费用能大幅度减少，在制度安排上比政府主导模式更具优势。

对广西龙州县的两种典型模式的农地整治交易费用进行测度，不难发现农民自治模式的交易费用优势明显。其差距主要体现在项目执行的管理工作费用、纠纷解决费用和监督费用上。究其原因，政府主导模式更偏向于科层治理形式，地方政府以共同代理人身份介入项目实施全过程，产生诸多委托代理问题。而农民自治模式中农户拥有较多的项目剩余控制权，项目实施过程更透明，减少了委托代理中因信息不对称而产生的交易费用。

第六章　农地整治的模式选择：
资产专用性与不确定性

公共选择理论认为，政策是自利个人的群体选择[①]，而农地整治作为一项公共政策，其实施模式也是两大利益主体——政府和农民选择的结果。政府推动农地整治有其自身利益目标，而如何实施农地整治很大程度上需要农地的所有权人——农民集体的决策。影响农户选择农地整治模式的制约因素是什么？农户作为农地整治的参与主体，其做出的决策是在成本—收益衡量后理性选择的结果。古典经济学的成本—收益分析是基于交易费用为零的假设条件上，而新制度经济学则认为交易是有成本的，包括获取信息、谈判与执行合同的所需要的所有费用。本章拟从农户视角，基于交易费用理论阐明农地整治实施模式的决策机理，以期了解农户选择农地整治模式的制约因素。

第一节　农地整治的交易费用理论

一　农地资产专用性与农地整治模式

科斯于 1937 年在其经典论文《企业的性质》中首次提出了交易费用的思想，认为"企业的显著特征就是作为价格机制的替代物"，但并未对交易费用明确定义。阿罗（1967）把交易费用定义为"经

[①] ［美］托马斯·R. 戴伊：《理解公共政策》，谢明译，中国人民大学出版社 2011 年版，第 21 页。

济系统的运行费用"。威廉姆森（1985）接受了阿罗的定义，认为"交易费用在经济中的作用相当于物理中的摩擦力"，他对于行为人的假定是建立在"契约人"的有限理性和机会主义两方面，并从资产专用性、交易频率和不确定性三个维度来刻画交易并度量交易费用。这三个维度是区分各种交易的主要标志，也是使交易费用经济学与解释经济组织的其他理论相区别的重要特点，尤其是资产专用性。

资产专用性是指在不牺牲产品价值的条件下，资产被配置给其他使用者或者被用于其他用途的程度。[①] 随着资产专用程度的提高，市场交易需要协调适应的困扰增加，对市场的依赖逐渐降低，交易就会从市场向科层制度转移。为了节约交易费用，决策过程一般要求保持应变性。而资产专用性使事后机会主义行为具有潜在可能性，资产专用程度越高，事后被"敲竹杠"或"要挟"的可能性越大，通过市场完成交易所耗费的资源比一体化内部完成同样交易所耗费的资源要多。威廉姆森描绘了资产专用性与治理结构的关系：当资产专用性较弱，市场交易成本较低，随着资产专用性增强，科层治理的成本相对更低。资产专用性越强，意味着其所有者对资产的依赖性就越强，越有可能被交易方的事后机会主义行为所损害，而且交易中被要挟的可能性大，交易费用增加。

现有农地整治一般采用项目制管理，上级部委以招投标方式发布项目指南，而下级政府则代表地方或基层最终投标方的意向，向上级申请项目，经审查批准后，由地方或基层政府负责实施管理。[②] 但在具体的操作中，不同模式的组织形式大相径庭。政府主导模式中，各级政府之间主要是基于权力和等级划分的"委托—代理"关系，中央政府控制农地整治资金的分配，将项目按照科层组织形式逐层委托给地方政府，地方政府则尽量按照中央政府意图完成代理任务，即行

[①] [美] 奥利弗·威廉姆森、斯科特·马斯滕：《交易成本经济学》，李自杰、蔡铭等译，人民出版社 2010 年版，第 112 页。

[②] 折晓叶、陈婴婴：《项目制的分级运作机制和治理逻辑》，《中国社会科学》2011年第 4 期。

政代理。地方国土整治机构作为项目法人，直接参与项目并履行施工管理职责，农地整治过程具有较强的行政配置性，农户参与常常流于形式。

在农民自治模式中，农地整治项目的实施主体是农民，项目的申请、实施过程农民具有较大的自主权，从项目立项申请、方案设计到具体施工，大部分的决策都是通过协商或者民主投票方式进行，农户间以关系契约方式进行合作，自我履约程度高。除了部分耕地平整工程由农户投工投劳外，诸如修建机耕道和水利设施等大型工程承包给专业性农地整治企业，执行单任务委托代理模式，按照市场模式运行，且农户对施工企业的监督成本较低。其间，地方政府的作用仅仅是协助和指导，并不直接参与施工管理。因此，虽然农地整治都实行项目制管理，但在实施阶段不同模式的组织形式仍存在差异，农民自治模式倾向于市场组织形式，而政府主导模式更偏向于科层组织形式。

不同农地整治模式具有不同的组织形式，随着农地资产专用性的变化，不同组织形式的治理成本必然不同。理论上，农地资产专用性与农地整治模式之关系，应该契合威廉姆森的资产专用性与治理结构的变化规律。如图6.1所示，随着资产专用性提高，两种农地整治模式的交易费用都呈现上升趋势。但是当农地的资产专用性综合水平大于 M 时，农地整治的技术难度提升，管理组织水平要求更高，对地方政府的依赖性更大，政府主导的科层治理模式占有成本优势。反之，当农地资产专用性综合水平小于 M 时，农地整治技术难度降低，对管理组织者的要求也减弱，农民自治模式反而有利于节约交易费用。

二 不确定性与农地整治交易费用

奈特（Knight F. H., 1921）将不确定性定义为人们无法预料和难以测度的变化。据其定义，不确定性可以划分为环境的不确定性和行为的不确定性。当前农地整治项目实施中，农户视角下的环境不确

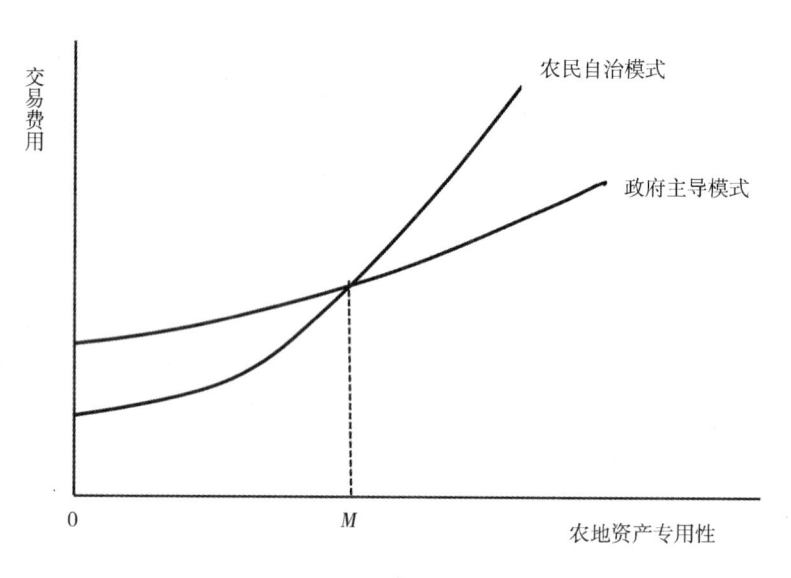

156　治理视阈下农地整治模式比较研究

图6.1　农地资产专用性与农地整治模式

定性主要体现为政策的不确定性,而农户的禀赋差异导致农户参与行为的不确定性。

环境不确定性在农地整治项目实施中主要表现为地方政府的各种相关政策多变且不可预测。农地整治模式的创新是一个探索过程,犹如其他制度改革一样"摸着石头过河"。在模式的选择与运作上,并非一开始就是明确和固定的,在具体的操作上仍留有余地,随着农地整治项目的推进可能会出现变更,加上信息不充分,农户对农地整治政策常常难以理解把握。其次,政绩最大化是地方政府的重要目标,"形象工程"的建设难以避免。在信息不对称的情况下,农户往往依据经验判断,对地方政府的项目建设目标与执行能力质疑。显而易见,项目实施中的操作弹性、政策执行中的不确定性使部分农户过高估计未来的风险,忽略农地整治项目可能带来的潜在收益,并倾向于采取机会主义行为,消极参与项目的施工建设或者"搭便车",此时偏向于科层治理的政府主导模式更符合农户的需求。

行为不确定性是指由于人的能力有限、主观偏见甚至工作疏忽而引起的不确定性。人们认识能力的有限性导致对信息的获取和理解发生偏差,由此产生的风险程度经常超过由于项目本身信息不完备和项目环境变化所导致的项目风险。每个农户都是一个独立的个体，文化程度、政策理解能力、信息获取能力，以及未来发展目标都构成各自的禀赋差异，继而对农地整治的预期效果存在认知差异，各自的农地整治参与意愿与参与行为就表现为不确定性。农户行为的不确定性越强，农地整治实施中纠纷出现的可能性越大，干扰频率就越大。威廉姆森认为，干扰频率越大，越适合单边的市场治理模式或者科层治理模式。因为干扰频率越大，需要花费的谈判时间和谈判费用越多。因此，农户行为的不确定性越强，政府主导模式比农民自治模式更有优势。

三 研究假说

基于上述分析，农地整治模式与农地资产专用性、不确定性之间存在相关性。如图6.2所示，当农地资产专用性或者不确定性变化时，农地整治模式的适用性也随之改变。由于现有农地整治实行项目制管理，其组织形式既不是单纯的科层制，也不完全属于市场制，而是介于两者之间的混合制，但政府主导模式偏向于科层制，而农民自治模式更倾向市场制。

在农地整治项目制管理的约束条件下，本书提出两个农地整治模式选择研究假说：

假说Ⅰ：农地资产专用性越强，政府主导的农地整治模式越合适；反之，农地资产专用性弱，农民自治模式更适合。

假说Ⅱ：农地整治中的不确定性越大，政府主导模式越合适；反之，农地整治中的不确定性小，农民自治模式更适合。

第二节 实证分析：农地整治模式选择

一 研究区域概况

研究区域依然为前一章所选择的广西龙州县，两种不同模式在同一区域内并存，最大限度地避免了外生环境变量对农户选择的影响。按照农地整治模式分类，实行农民自治模式的村屯有弄农、荒田、板

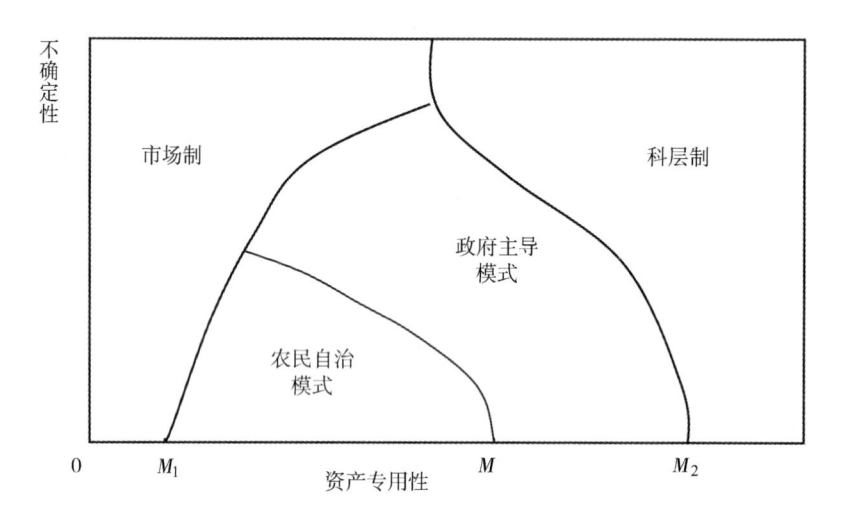

图 6.2 农地整治模式对资产专用性、不确定性的反应

谭、那椒和弄灰 5 个屯，收集有效问卷 138 份；实行政府主导模式的村屯有下耶、板汪、弄平、板弄、那弄、那宋和清明 7 个屯，收集有效问卷 134 份。

广西龙州县农地整治并非政府强行而为之，在前期动员阶段农民有一个选择过程：是农民自行开展还是政府组织？集体抉择的结果是两者均有。作为理性"经济人"的农民在选择的过程中必然考虑到交易费用的大小，但是不同的农地规模、地理位置、原始耕作条件以及农户对农地整治的认知差异都会影响农地整治交易费用，随之影响农民对交易费用的判断和农地整治模式选择。

二 变量选择

威廉姆森（1987）指出，区分交易的 3 个维度为资产专用性、交易不确定性和交易频率，但是在农地整治模式的选择中，选择的机会只有一次，因此本书不考虑交易频率因素，仅考虑资产专用性和不确定性因素，探究农户对农地整治模式的抉择受到哪些交易费用因素的制约。

威廉姆森将资产专用性划分为 4 类：（1）实物资产专用性；（2）

地理位置专用性；(3)人力资本专用性；(4)特定用途专用性（威廉姆森，1987）。具体到考量农地的资产专用性的变量，已有研究都是基于农村土地的用途特征进行考察，而不考虑特定用途资产专用性，因此变量包括农地的实物资产专用性、地理位置专用性和人力资本专用性3个方面。本书沿袭前人的农地资产专用性研究（贾燕兵，2013），结合农地整治特征，将农地资产专用性归为以下3类：(1)实物资产专用性，主要指土地作为农地整治的实物资产而具有的属性，描述变量包括耕地面积、耕地细碎化程度、耕地平整状况、农田水利设施状况、田间道路状况，以及整治后农地增收潜力；(2)地理位置专用性，通常选择村庄到最近的乡镇或者县城的距离，由于本研究中12个村屯与乡镇的距离都在4公里左右，没有可比性，故选择"与县城距离"作为衡量指标；(3)农户人力资本专用性，即衡量农户自身禀赋，包括文化程度、年龄、工作性质、是否村屯干部，以及是否参加农业技能培训5个描述性变量。

根据奈特的不确定理论，交易的不确定性主要是从环境不确定性和行为不确定性两方面进行划分。选择相应变量时，环境不确定性一般考虑相关政策的稳定程度、信息的畅通程度等，行为的不确定性主要考虑可能发生的机会主义行为。农地整治的不确定性变量有两类：(1)环境不确定性变量，采用农户对农地整治相关政策的了解程度、农地整治意义认知、对地方政府的信任度、政策透明度、社会保障和家庭收入6个变量来反映；(2)行为不确定性变量，主要衡量农户和施工企业行为的不确定性。描述农户参与农地整治的不确定性的变量有两个：农地整治意愿和农地流转意愿。由于龙州县耕地细碎化严重，极大阻碍土地流转，因此农地流转意愿强烈的农户进行土地权属调整的愿望也非常迫切。而施工企业的不确定性主要是通过其施工质量来反映。施工企业若信守合约，严格控制工程质量，项目建设过程的纠纷和冲突必然减少，交易费用也随之下降。反之，低劣的施工质量无疑会激发农户的抵触情绪，增加纠纷费用。因此，农户对施工质量的满意度是衡量施工企业行为的一个重要指标。

三 主因子分析

由于上述变量较多，且不同因素之间可能具有一定关联，若直接对各变量进行回归分析，将会出现多重共线性问题，因此，有必要将紧密相关的变量聚合，以保证变量之间的相互独立性。本书采用因子分析法，先将自变量降维，提取影响农地整治交易费用的主因子，进而分析各主因子对交易费用的影响，并采用 Stata 11.1 软件进行统计分析。

1. 资产专用性因子分析

在提取主因子之前，通过对农地整治资产专用性的 18 个原始变量进行 KMO 检验，结果显示 KMO 值为 0.5953，根据（Kaiser）给出的 KMO 度量标准基本符合因子分析要求，进一步做 Bartlett 球形检验，其相伴概率为 0.000，小于显著性水平 0.05，因此拒绝 Bartlett 球形检验的零假设，表明描述资产专用性的各项指标适合做因子分析。

随后，求解初始公因子，对载荷矩阵进行旋转后得到 5 个公因子，并将这 5 个公因子根据其指标内涵分别命名，依次为：（1）农地规模，包括耕地面积和耕地细碎化程度两个指标；（2）农户禀赋，包括农户的文化程度、年龄和工作性质 3 个指标；（3）耕作条件，包括耕地平整状况、水利设施状况和田间道路状况 3 个指标；（4）农户社会地位，包括农户身份和农业技术培训参与情况两个指标；（5）经济地理位置，包括与县城距离和整治后农地是否增收两个指标。公因子旋转后的因子载荷矩阵如表 6.1 所示。5 个公因子的累计贡献率达到 63.75%，其中农地规模的解释力最强，达到 19.49%，而经济地理位置的解释力最弱，只有 9.39%。

表 6.1　　　　　　　　资产专用性因子分析

公因子	原始变量	因子载荷	特征根	累计频率
农地规模	耕地面积	0.8618	2.33938	0.1949
	耕地细碎化程度	0.8585		
农户禀赋	文化程度	-0.5295	1.58469	0.3270
	年龄	0.7896		
	工作性质	0.7127		
耕作条件	耕地平整状况	0.5526	1.41904	0.4453
	水利设施状况	0.7922		
	田间道路状况	0.7370		
农户社会地位	农业技能培训	0.6818	1.18004	0.5436
	农户身份	0.7880		
经济地理位置	与县城距离	-0.6215	1.12703	0.6375
	整治后农地增收潜力	0.7985		

2. 不确定性因子分析

描述农地整治的不确定性因素有9个变量，在提取公因子之前，对这9个原始变量进行 KMO 检测，结果显示 KOM 值为0.7465，完全适合进行因子分析。进一步的 Bartlett 球形检验也显示其相伴概率为0.000，小于显著性水平0.05，因此拒绝 Bartlett 球形检验的零假设，检验结果表明农地整治不确定性的各项指标适合做因子分析。

对这9个原始变量求解初始公因子，然后将载荷矩阵进行旋转后得到3个公因子，并将这3个公因子根据其指标内涵分别命名，依次为：（1）农户认知，包括农地整治好处认知、施工质量满意度、对政府的信任度、信息透明度、农户参与意愿、农地流转意愿6个原始变量，这些变量描述了农户对农地整治项目本身、政府、施工单位及自身参与意愿的认知情况；（2）经济政策，包括农户家庭收入和对农地整治政策的了解程度两个指标；（3）社会保障，只包括社会保障程度一项指标。这3个公因子的特征值、贡献率和因子载荷如表6.2所示,其中农户认知因子的解释力最强,达到30.12%,社会保障因子的解释力最弱,只有11.65%,3个公因子的累计贡献为57.2%。

表6.2　　　　　　　　　　不确定性因子分析

公因子	原始变量	因子载荷	特征根	累计频率
农户认知	农地整治意义认知	0.7003	2.71099	0.3012
	施工质量满意度	0.8020		
	对政府的信任度	0.7623		
	信息透明度	0.7438		
	农户参与意愿	-0.4166		
	农地流转意愿	0.5133		
经济政策	家庭收入	0.7496	1.38840	0.4555
	政策了解程度	0.8064		
社会保障	社会保障程度	0.9537	1.04826	0.5720

四　回归分析

1. 模型选择

农地整治资产专用性和不确定性影响交易费用和农户的选择行为,而农地整治模式选择在本研究中只有两类:农民自治模式和政府主导模式,因此是典型的二元选择问题,适合采用二值响应的Logit模型。二值响应模型关注的是自变量的变动对因变量取值的概率影响。设计模型时,将农地整治模式选择设置成因变量,选择政府主导模式定义为1,选择农民自治模式定义为0。则模型的核心是某些自变量对不选择政府主导模式,即选择农民自治模式的概率的影响,即要估计:$p(y=1|x) = G(X\beta) \equiv p(x)$的系数。

其中,$p(x)$是非线性形式,若将$p(x)$设定为Logistic分布$\Lambda(x) = \frac{e^x}{1+e^x}$的函数,则需要进行Logit估计。建立回归方程:

$$lpgitP = \alpha + \beta_1 x_1 + \cdots + \beta_m x_m$$
$$p = 1 / [1 + exp(\alpha + \beta_1 x_1 + \cdots + \beta_m x_m)]$$

其中，m 代表影响概率 p 的因素的个数；x 是自变量，代表影响农地整治模式选择行为的因素。

2. 回归结果分析

基于上述因子分析所得到的资产专用性的 5 个公因子，以及不确定性的 3 个公因子，将农地整治模式作为因变量，运用二值响应的 Logit 模型进行回归分析，得到结果如表 6.3 所示。

计量结果表明，倘若显著性水平为 0.05，对农户的农地整治模式选择具有强烈显著影响的因素是农地所处的经济地理位置、农户认知、经济政策和农地规模，耕作条件和农户社会地位两个因素也具有较强显著性，而农户禀赋和社会保障因素则表现不显著。由于调查区域涵盖龙州县的 3 个乡镇，农户禀赋和社会保障情况基本雷同，因此这两个公因子回归结果不显著与现实相符。

表 6.3   农地整治模式选择的 Logit 模型估计

变量	回归系数	标准差	Z 值	P > |z|	95% 置信区间	
农地规模	0.286275	0.1388045	2.06	0.039**	0.0142059	0.5583094
农户禀赋	0.1124483	0.134141	0.84	0.402	-0.1504632	0.3753599
耕作条件	-0.2663625	0.1497835	-1.78	0.075*	-0.5599317	0.0272087
农户社会地位	-0.2575589	0.1438412	-1.79	0.073*	-0.5394824	0.0243646
经济地理位置	-0.4896302	0.1415442	-3.46	0.001**	-0.7670518	-0.2122085
农户认知	-0.4315307	0.1507606	-2.86	0.004**	-0.727016	-0.1360454
经济政策	-0.397327	0.1480745	-2.68	0.007**	-0.6875477	-0.1071063
社会保障	-0.1264099	0.1403528	-0.90	0.368	-0.4014964	0.1486766

(1) 经济地理位置是显著性最强的因子，且回归系数为负数，即经济地理位置越好的农户越倾向于选择自行开展农地整治，而不是由政府主导农地整治。经济地理位置由距离县城的距离和整治后农地增收潜力两个原始变量构成。若村庄距离县城近，交通便捷，受县城经济辐射大，农产品流通顺畅，市场前景较好，农产品规模化生产有助于农业收入的显著提高。由于农地整治改善农业生产条件，有利于农业生产机械化、规模化，因而经济地理位置较好的农户对农地整治寄予较高期望，选择农民自治模式更有利于减少交易费用。

(2) 农户认知因子具有很强的显著性。其回归系数为负数，说明农户对农地整治的认知越完善，越偏向于选择农民自治模式。农户认知因子包括农地整治意义认知、施工质量满意度、对政府的信任度、信息透明度、农户参与意愿、农地流转意愿六个原始变量。如表6.4所示，调研发现，农民自治模式下的农户普遍认为农地整治有较大好处，对施工质量的满意度也远高于政府主导模式。从信息透明度看，农民自治模式中80.4%的农户知晓农地整治的大部分信息，高于政府主导模式66.1%的比例，说明相对政府主导模式，农民自治模式中农地整治相关信息更透明公开，农户也能有效实现其农地整治知情权。而且，农地整治参与权在农民自治模式中能更充分地享有，从农户愿意无偿参与的比率就可得以佐证，71.7%的农户愿意无偿参与农地整治项目，说明农户的参与意愿非常强烈。

毋庸置疑，农民自治模式赋予农民更多的知情权与参与权，农户的相关权益得以保障，引致地方政府与农户合作更为顺畅，无形中减少交易费用。农户认知因子包含农地整治不确定性因素中大部分原始变量，能大体反映农地整治的不确定性，且农户认知程度越差，农地整治的不确定性越高。从模型分析结果可进一步推断，当农户对农地整治认知不足，不确定性较高，选择政府主导模式的概率更大。

表 6.4　　　　　　　　　两种模式下农户认知对比

指标	农民自治模式	政府主导模式
农地整治意义认知	93.5%的农户认为好处较大	91.1%的农户认为好处较大
施工质量满意度	满意率94.2%	满意率62.7%
对政府信任度	84.1%的农户信任政府	71.6%的农户信任政府
信息透明度	80.4%的农户知道大部分信息	66.1%的农户知道大部分信息
农户参与意愿	71.7%的农户愿意无偿参与	55.2%的农户愿意无偿参与

（3）经济政策的影响非常显著。其回归系数为负值，表明经济政策越好，农户的选择越偏向于农民自治模式。该因子有两个变量构成：对农地整治相关政策的了解程度和家庭收入。调研结果显示，98.1%的农户对农地整治政策信息来源于村干部和政府宣传、电视等媒体报道，仅有1.9%的农户信息来源于其他渠道。因此，地方政府对农地整治政策宣传到位有利于农户对政策的理解与把握，从而选择更合适的农地整治模式。其次，农户家庭收入高的农户不会过分排斥农地整治项目集资，因而选择农民自治模式的倾向更大。

（4）农地规模属于显著性强的影响因素。在所有显著因子中，其回归系数唯一为正值，即农地规模越大，农户选择越倾向于政府主导模式。这也就意味着，农户拥有的耕地面积越大，或者耕地细碎化程度越高，农户更愿意由政府实施农地整治项目。课题组与农民访谈的情况与此吻合，农户普遍反映，若耕地面积太大或者土地过于细碎化，耗费的人力物力多，成本较高，更愿意由政府实施项目；反之，农户拥有耕地面积小、细碎化程度低的情况下，农户更愿意自行开展农地整治。

上述研究结果显示，就政府主导和农民自治两种农地整治模式而言，基于农户视角，农地整治资产专用性越强、不确定性越高，农户越倾向于选择政府主导模式；反之则适宜农民自治模式。影响农户选择农地整治模式的交易费用因素是经济地理位置、农户认知、经济政策和农地规模。从资产专用性角度看，经济地理位置优越、农地规模越小越适合农民自治模式，因而在经济地理位置较好、农地规模较小的区域可以鼓励农户自行开展农地整治。从不确定性角度看，农地整治信息公开透明、农户享有充分的权利将减小农地整治的不确定性，有助于提高农户对农地整治的认知，并倾向于选择农民自治模式，减少农地整治交易费用。

本章小结

根据威廉姆森的交易费用理论，随着资产专用性提高，两种农地整治模式的交易费用都呈现上升趋势。但是当农地的资产专用性的提高，农地整治的技术难度提升，管理组织水平要求更高，对地方政府的依赖性更大，政府主导的科层治理模式占有成本优势；反之，当农地资产专用性下降时，农地整治技术难度降低，对管理组织者的要求也减弱，农民自治模式反而有利于节约交易费用。

农户行为的不确定性越强，农地整治实施中纠纷出现的可能性越大，干扰频率就越大，越适合单边的市场治理模式或者科层治理模式。因此，农户行为的不确定性越强，政府主导模式比农民自治模式更有优势。

就政府主导和农民自治两种农地整治模式而言，基于农户视角，农地整治资产专用性越强、不确定性越高，农户越倾向于选择政府主导模式。反之，农户更愿意选择农民自治模式。影响农户选择农地整治模式的交易费用因素是经济地理位置、农户认知、经济政策和农地规模。从资产专用性角度看，经济地理位置优越、农地规模越小越适合农民自治模式，因而在经济地理位置较好、农地规模较小的区域可以鼓励农户自行开展农地整治。从不确定性角度看，农地整治信息公开透明、农户享有充分的权利将减小农地整治的不确定性，有助于提高农户对农地整治的认知，并倾向于选择农民自治模式，减少农地整治交易费用。

第七章 研究结论与讨论

第一节 研究结论

本研究基于新制度经济学的产权理论、契约理论和交易费用理论，从治理视对我国的两种典型农地整治模式（政府主导模式和农民自治模式）进行比较分析，目的在于探究四个问题：（1）不同模式的内在治理逻辑有何区别？（2）两种模式的外在治理形式有何不同？（3）不同模式的治理成本如何？（4）现阶段农地整治模式多样化，农户选择农地整治模式的制约因素何在？为此，本研究从农地整治的产权构成与博弈、契约的实现形式和效率、治理的交易费用以及农地整治模式选择的制约因素四个方面分别进行论述，揭示了不同农地整治模式的本质差异和效率差别。其中，农地整治的产权分析是"内核"，契约组织研究是"外形"，而交易费用反映了不同模式的实施绩效。四个问题的解答全面剖析了两种典型的农地整治模式，为创新农地整治制度、提高农地整治效率提供科学依据。

（1）政府主导模式是遵循"政府主导、国土搭台、部门联动、聚合资金、整体推进"的机制，形成部门联动、齐抓共管土地整治工作格局的整治模式，"自上而下"的科层治理是其主要特征。农民自治模式是指农村集体经济组织向国土管理部门申请整治项目，经当地国土管理部门审查同意后，开展项目规划设计与报批工作，再由农村集体经济组织负责实施的模式，属于典型的自主治理模式。该治理模式的主体为农民，在农地整治公共事务的决策中享有充分权利，并在实施中解决了自主治理的 3 个关键问题：制度供给、监督和可信承诺。

（2）从法律层面对两种农地整治模式下的土地产权状况进行比较，政府主导模式下的农地整治中，农地的产权主体虽然是农民集体，但农民对农地整治的权力非常有限，产权主体并未拥有独立的土地使用权，土地处置权固化，土地收益权残缺不全，故农民参与农地整治流于形式。相比而言，农民自治模式的农地整治中，农民的土地使用权更具独立性，土地处置权得以体现，只是土地收益权仍在一定程度上受政府约束。

（3）从经济学层面看，农地整治产权主体的收益来自剩余索取权，而剩余索取权的大小取决于剩余控制权，因此产权问题的核心是剩余控制权的配置。剩余控制权博弈分析表明，政府主导模式下的各相关企业更关注长远利益，拥有较多的剩余控制权份额；农民自治模式下的农民显然比施工企业更注重农地整治的长远利益，因而对剩余控制权享有更多的份额，有效地维护了农民的收益权利。此外，产权公共领域的存在会导致租值消散。在农地整治中，政府主导模式的剩余控制权公共领域范围比农民自治模式更广，因此前者的租值消散程度更甚于后者，施工阶段的寻租与腐败现象因此滋生。

（4）农地整治模式都具有两个层次的委托代理关系：第一层次为中央政府与地方政府的委托代理关系；第二层次是多方利益主体之间的多重委托代理关系链，政府主导模式和农民自治模式在治理形式上的差异主要体现在该层次上。农民自治模式下，农民自行进行项目的施工建设，农户间的合作体现了关系契约特征，长期相处形成的信任、声誉等促进关系契约的良好运行。政府主导模式中的地方政府、村干部、专业性农地整治企业都具有共同代理特征，委托人的农地整治目标不同致使共同代理人的行为倾向于与强势委托人合谋，损害弱势委托人利益，降低农地整治效率。

（5）农地整治交易费用模型理论分析表明，政府主导模式的代理成本难以控制。作为理性经济人的地方政府有其自身利益目标，并与农户的农地整治目标可能相悖，在监管体系不完善的情况下，权力寻租难以避免，使其代理成本高于农民自治模式。另一方面，农民自治模式的交易费用弹性很大，该模式的高效运行很大程度上取决于外生的制度环境。若中央政府加强对地方政府的监管，地方政府减少干预，交易费用能大幅度减少，在制度安排上比政府主导模式更具优势。

对广西龙州县的两种典型模式的农地整治交易费用进行测度，不难发现农民自治模式的交易费用优势明显。其差距主要体现在项目执行的管理工作费用、纠纷解决费用和监督费用上。究其原因，政府主导模式更偏向于科层治理形式，地方政府以共同代理人身份介入项目实施全过程，产生诸多委托代理问题。而农民自治模式中农户拥有较多的项目剩余控制权，项目实施过程更透明，减少了委托代理中因信息不对称而产生的交易费用。

（6）根据威廉姆森的费用理论，随着资产专用性提高，两种农地整治模式的交易费用都呈现上升趋势。但是当农地的资产专用性的提高，农地整治的技术难度提升，管理组织水平要求更高，对地方政府的依赖性更大，政府主导的科层治理模式占有成本优势。反之，当农地资产专用性下降时，农地整治技术难度降低，对管理组织者的要求也减弱，农民自治模式反而有利于节约交易费用。

农户行为的不确定性越强，农地整治实施中纠纷出现的可能性越大，干扰频率就越大，越适合单边的市场治理模式或者科层治理模式，因为干扰频率越大需要花费更多的谈判时间和谈判费用。因此，农户行为的不确定性越强，政府主导模式比农民自治模式更有优势。

（7）就政府主导和农民自治两种农地整治模式而言，基于农户视角，农地整治资产专用性越强、不确定性越高，农户越倾向于选择政府主导模式；反之则适宜农民自治模式。影响农户选择农地整治模式的交易费用因素是经济地理位置、农户认知、经济政策和农地规模。从资产专用性角度看，经济地理位置优越、农地规模越小越适合农民自治模式，因而在经济地理位置较好、农地规模较小的区域可以鼓励农户自行开展农地整治。从不确定性角度看，农地整治信息公开透明、农户享有充分的权利将减小农地整治的不确定性，有助于提高农户对农地整治的认知，并倾向于选择农民自治模式，减少农地整治交易费用。

第二节　政策建议

一　构建农地整治模式选择机制，完善农民参与体系

研究结果显示，任何一种农地整治模式都有其适应性，合适的模式能有效降低农地整治交易费用。当前我国大规模开展的农地整治仍以政府主导模式为主，其他模式实施数量有限。但是，我国地域广袤，农地资产专用性差异大，因地制宜的农地整治模式显然更有利于提高农地整治效率。现行农地整治项目可行性评估大都隐藏了一个假定条件，即农地整治模式是理想化的，并在此基础上测算效益与成本，并未考虑农地整治实施中实际耗费的交易成本。但在农地整治实施过程，农户的行为必然是斟酌交易费用后的结果。若农地整治模式不合适，给农户带来较高交易费用，消极参与甚至阻碍项目施工就在所难免。因此，建议在项目立项阶段，从经济地理位置、农地规模等资产专用性角度对农地整治模式的适应性进行评估，构建农地整治模式选择机制，鼓励农民积极参与项目实施，因地制宜选择最合适的模式。

由于农地整治大都实行政府主导模式，农民参与流于形式，从项目立项、规划设计到施工建设，能够真正参与其中的多为村干部、人大代表等农村精英，普通的农户直接参与项目的机会很少。受限于地域耕作条件，缺乏农户参与的农地整治项目，其规划设计、施工建设难以做到因地制宜，不符合农户的需求意愿。而农户常常是在项目进行中，甚至是完工之后才能发现农地整治中存在的问题，并向相关部

门反映，但滞后的信息反馈与农地整治的沉积成本使得农户的诉求无法满足，从而引发农地整治纠纷。完善农民参与体系是解决农地整治纠纷的必由之路。为防止农户参与流于形式，必须设置科学合理的参与制度，将第三方评估的农户参与率与满意度纳入项目评价考核体系，激励地方政府在项目立项、规划设计阶段就重视农户的充分参与，做到未雨绸缪。与此同时，完善项目施工建设监督体系，让农户真正做到有效监督，体现其应有权利。

二 赋予农民充分的农地整治权利，加强政府与农户的沟通

农户享有的农地整治权利越充分，对相关政策和信息的了解越全面，农地整治中的不确定性就越小，因不确定性而引致的信息收集费用、谈判费用及纠纷处理等费用将明显减少，也有助于农户提高参与意愿，选择适合自身的农地整治模式。但当前农地整治工作中农民的权益难以保障，且不论农地整治的决策权，即便是知情权与话语权也非常有限。农地整治权利缺失，利益诉求渠道不畅，必然削弱农户参与农地整治的积极性，降低农户参与意愿，甚至部分农户不配合政府工作，致使冲突发生，增加农地整治交易费用。而农民作为农村集体土地的所有者，理应享有充分的土地使用和处置权益，在农地整治中进行决策并分享剩余收益是其应有之义。因此，保障农户合法权益必须先赋予农民充分的农地整治权利，激发农户参与农地整治的主观能动性，有效降低农地整治交易费用。

现行农地整治项目的决策与执行通常采用行政命令形式，农户与政府沟通渠道单一，信息交流阻滞且不对称。农地整治信息难以有效向下传达，而农户的诉求也不能及时向上反馈，导致农地整治项目常常偏离农户需求。完善双向沟通机制，构建信息交流平台，将农地整治政策充分告知农户，使其理解政策内涵并行使应有权益，有利于减小农地整治的不确定性，提升农户的农地整治认知与信心。

三 转变地方政府职能，强化政府服务代理意识

地方政府的农地整治目标偏差是导致共同代理效率低下的主要原因。在农地整理中如果处于强势地位的地方政府所追求的目标并非满足农民利益，共同代理人则存在与强势委托人（地方政府）合谋的冲动，其行为必将偏袒强势委托人，损害农民利益，导致共同代理效率的降低。在制度设计和立法理论上，政府应当是民众的代理人，因此完善农地整治制度的关键在于推动地方政府真正成为农民的代理人。这就要求地方政府转变职能，强化其服务代理意识，明确其农地整治角色——提供高效公共物品的服务者，并改变现有政绩考核体系，凸显地方政府的服务职责，使地方政府彻底以村民的长远利益为目标。

在地方政府成为农民的代理人之后，原有的共同代理模式得到改进，中央政府、地方政府与农民三方利益主体便成为利益一致的同质委托人，基层土地整治中心、村干部和施工企业等共同代理人面对的是同质委托人，接受的委托任务就成为目标单一的联合任务，消除所谓的异质性委托人之间的任务替代性，避免共同代理人与强势委托人的利益共谋。一方面，减少了利益目标冲突带来的纠纷，促进资源高效利用，提高农地整治效率；另一方面，地方政府可以充分利用其强势地位促使村干部等共同代理人为农民服务，维护农户在农地整治中的合法权益。

四 完善社会监督机制，加强农地整治资金管理

由于农地整治中代理人的投入在现实中是难以观测到的，只能依靠项目完工后的效益来判断地方政府、村委会和施工单位的行为来衡量项目带给农民的收益或者损失，而这种事后评判机制无法避免代理人的道德风险问题。因此，应建立健全农地整治项目的社会监督制度，尤其是强化项目区农民的社会监督力量，构建农民监督平台，建立农民监理制度，由农民直接对项目的规划设

计和施工进行监督，从而显化代理人的投入和行为，减少道德风险，提高农地整治效率。此外，对于政府主导模式的农地整治，应当将权属调整工作前移，放在规划设计之后、项目建设施工之前。项目建设施工之前就确定了每位农户的承包地位置，能够让农户自觉地在工程施工建设中进行监督，不仅节约监督成本、提高监督效率，而且有效避免了权属不明状况下农户的"搭便车"现象，真正将监督落到实处。

农地整治中的利益相关者众多，除了中央政府和农户重视农地整治所带来的改善农业生产条件、提高农地生产效率等直接收益外，其他利益相关者，包括地方政府更关注项目所带来的剩余收益，而项目资金是剩余收益的主要来源，因此，项目绩效很大程度上取决于农地整治资金的利用情况。现阶段的农地整治中，无论是政府主导模式，还是农民自治模式，中央下拨的专项资金使用情况透明性差，缺乏社会监督。即使是村干部也无法获知项目资金的使用情况，普通农户更是一无所知。农民自治模式中的"奖补资金"使用情况也不够透明，虽然农民可以在项目完工后申请补助资金，但是资金核算弹性大，为资金挪用提供空间，也容易滋生"权力寻租"和腐败现象。因此，建立公开透明的专项资金管理制度，强化农民等社会力量对农地整治资金的监督，加强上级机关对农地整治资金的审计，才能真正做到农地整治资金的高效利用，改善农地整治绩效。

第三节　相关问题的讨论与研究展望

本书基于新制度经济学理论，剖析了农地整治制度的本质和实施机理，但由于社会现实和技术限制致使部分研究存在不足，有待进一步完善。

一　内生性交易费用与外生性交易费用的边界问题

科斯（1937）在《企业的性质》一书中对企业的谈判成本和管

理成本问题进行分析，认为当企业的边界扩展到企业管理成本和市场谈判成本在边际上相等时，企业和市场的资源配置机制达到均衡。威廉姆森（1985）将这两种成本总结为交易费用，并认为科层制的优势在于拥有剩余控制权和剩余索取权，通过雇佣契约可以直接配置资源而不必讨价还价，节约市场谈判成本，但是资产专用性的存在会使科层组织管理成本提高。因此，谈判成本和管理成本这两种交易费用是此消彼长的，这个过程中就出现即非市场制又非科层制的混合制治理形式。其中，产权不明晰将导致内生性交易费用的产生，而界定与保护产权将耗费外生性交易费用。

内生性交易费用主要是指人们在交易中为了争夺更多收益而不惜采用机会主义对策去损害他人利益，并导致交易收益不能充分获得，使资源配置达不到帕累托最优，这种资源配置结果与帕累托最优之间的差距就是内生性交易费用，故有时把内生性交易费用等同于效率损失。外生性交易费用是决策前就能看到的费用，通常指事前交易费用。内生性交易费用与外生性交易费用此消彼长，人们为了避免较高的内生性交易费用会制定一些制度来协调交易双方的行为，而建立制度本身又必然消耗外生性交易费用。因此，人们决策时并不是使外生性交易费用最小，也不是使内生性交易费用最小，而是两者的总和最小。

如图7.1所示，产权越清晰，内生性交易费用越小。而要清晰界定产权就必须消耗较高的外生性交易费用，因此产权越清晰，外生性交易费用反而越大。故内生性交易费用是产权清晰程度的减函数，外生性交易费用是产权清晰程度的增函数。要使总交易费用最小，产权的清晰程度既不能太高，也不能太模糊，而是有一个恰当的产权界定边界，在这个边界上，内生性交易费用与外生性交易费用之间权衡折中。

农地整治中由于农村集体土地产权界定模糊，产权主体虚置，致使项目实施中剩余控制权和剩余索取权成为众多利益相关者争夺的对象，内生性交易费用较高。正如第三章所述，一方面剩余控制权和剩

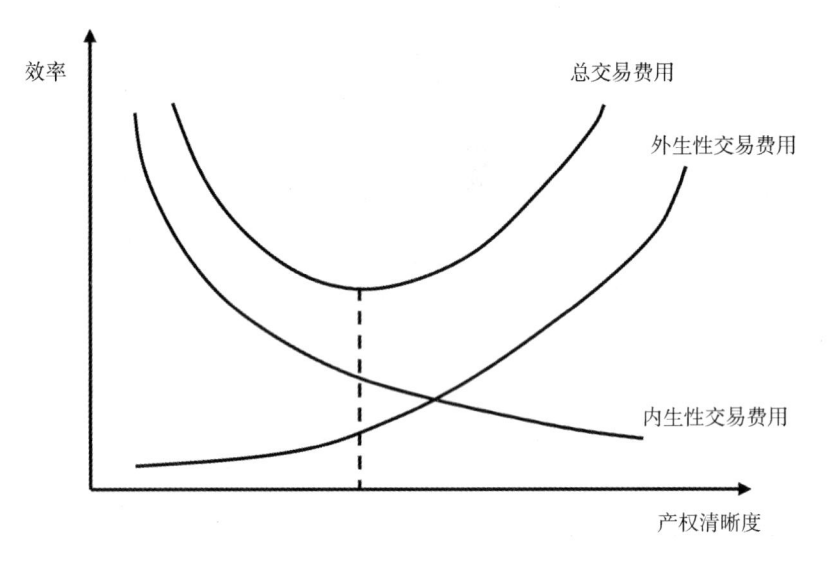

图 7.1 内生性交易费用与外生性交易费用的权衡折中

余索取权的分配中存在利益主体间的博弈，增加内生性交易费用；另一方面，产权置于公共领域，寻租空间扩大，容易滋生腐败，致使租值消散，也增加内生性交易费用。如果要减小内生性交易费用，就必须明晰农地产权，并建立各种配套政策和制度，以规范地方政府和各利益相关者的行为。但是，构建与完善制度必然会增加外生性交易费用。

本研究着眼于对政府主导模式和农民自治模式两种典型农地整治模式的比较分析，因此对两种模式的交易费用进行理论分析与测度过程中，并未将交易费用按照内生性与外生性进行区分，只是对两种模式的总交易费用进行测度与比较。从理论上而言，农民自治模式的农地整治剩余控制权归属于农民，产权比政府主导模式更明晰，因此内生性交易费用更少。但是为了减少项目实施中的纠纷，项目实施前要做大量的工作，农户间多次协商与谈判，对可预见的问题从制度上不断完善，提高了外生性交易费用。理论上最佳的农地整治模式应该是内生性交易费用和外生性交易费用的总和最小，即探寻两种交易费用的边界。当外生性交易费用高于内生性交易费用，且总和最小时，偏向于科层治理的政府主导模式更合适。反之，当内生性交易费用高于外生性交易费用，且总和最小时，偏向于市场治理的农民自治模式更合适。毋庸置疑，探寻两种交易费用的边界，并寻求交易费用最小化的一般规律，将为正确选择农地整治模式、科学合理地开展农地整治工作提供理论依据。

二 研究的普遍适用性问题

本研究主要为政府主导和农民自治两种典型模式的比较分析，若能在全国范围内进行抽样调查，研究结果会更加精准。但是由于研究条件所限，课题组无法在全国范围内进行大面积的广泛调研，只能选取部分具有较强代表性的省份和项目区域进行调研。本研究实证分析所选取的调查样本主要为湖北省、湖南省和广西壮族自治区。为了详细了解一般的政府主导模式，本研究选取了实施农地整治多年的湖北省为研究区域，并调查了多个项目区，既有岗前平原区域，也有水网圩田区域，土地利用方式呈现多样化，农地整治重点有所差异。

对两种典型农地整治模式进行比较分析，需要最大程度上避免文化风俗、经济条件等外部环境等外生变量对模型的干扰，本研究尽量选择同一行政区域内实施不同模式的项目区进行调研。湖南的"四自模式"和广西的"大块并小块"是农民自治模式的典型代表，且两个行政区域内都同时存在政府主导模式的农地整治。尤其是广西龙州县为农民自治模式的发源地，经过多年的发展，该模式日臻完善，是研究农民自治模式的首选之地。因此，虽然本研究未能进行全国范围的广泛调研，但是研究区域都经过严格甄选，具有较强的代表性，研究结果具有较好的适用性。未来研究中若能将研究范围扩大到全国范围，研究将会更加具有普遍适用性，更加科学合理。

诺思（1990）曾说过："我相信有一个不同的并且更好的故事。它关注的是人类为了解决合作问题而进行的永无止歇的抗争,从而他们收获的,不仅是技术带来的收益,而且还包括那些构成文明的所有其他的人类的努力。"①

农地整治正在如火如荼地开展,有理由相信,人们将来收获的不仅是农地整治带来的收益,还将在模式创新中收获公共事务治理的经验与成就。

---

① [美]道格拉斯·C.诺思:《制度、制度变迁与经济绩效》,杭行译,格致出版社、上海三联书店、上海人民出版社2012版,第183页。

参考文献

1. ［美］E. 菲吕博腾、S. 佩杰威齐：《产权与经济理论：一个近期文献的综述》，上海三联书店、上海人民出版社 2000 年版。

2. ［美］R. 科斯、A. 阿尔钦、D. 诺斯等：《财产权利与制度变迁——产权学派与新制度学派译文集》，上海三联书店、上海人民出版社 1994 年版。

3. ［美］阿克维什·K. 迪克西特：《经济政策的制定：交易成本政治学的视角》，刘元春译，中国人民大学出版社 2003 年版。

4. ［美］阿兰·斯密德：《制度与行为经济学》，刘璨、吴水荣译，中国人民大学出版社 2004 年版。

5. ［美］埃里克·弗鲁博顿、［德］鲁道夫·芮切特：《新制度经济学——一个交易费用分析范式》，姜建强、罗长远译，上海三联书店、上海人民出版社 2006 年版。

6. ［美］埃莉诺·奥斯特罗姆：《公共事务的治理之道——集体行动制度的演进》，余逊达、陈旭东译，上海译文出版社 2012 年版。

7. ［美］奥利弗·威廉姆森、斯科特·马斯滕：《交易成本经济学》，李自杰、蔡铭等译，人民出版社 2010 年版。

8. ［美］巴泽尔：《产权的经济分析》，费方域译，上海三联书店 1997 年版。

9. ［美］丹尼斯·C. 缪勒：《公共选择理论》，韩旭、杨春学等译，中国社会科学出版社 2010 年版。

10. ［美］道格拉斯·C. 诺思：《制度、制度变迁与经济绩效》，杭行译，格致出版社、上海三联书店、上海人民出版社 2012 年版。

11. [美] 德姆赛茨：《关于产权的理论、财产权利与制度变迁》，上海三联书店 1994 年版。

12. [美] 盖伊·彼得斯：《政府未来的治理模式》，吴爱明等译，中国人民大学出版社 2001 年版。

13. [美] 托马斯·R. 戴伊：《理解公共政策》，谢明译，中国人民大学出版社 2011 年版。

14. [美] 约瑟夫·斯蒂格利茨：《改革向何处去》，《经济问题》1999 年第 7 期。

15. 柏培文、陈惠贞：《企业剩余索取权安排理论分歧及其在资产稀缺性框架下的诠释》，《管理评论》2006 年第 2 期。

16. 鲍海君、徐保根：《生态导向的土地整治区空间优化与规划设计模式：以嘉兴市七星镇为例》，《经济地理》2009 年第 11 期。

17. 毕宇珠：《乡村土地整理规划中的公众参与研究——以一个中德合作土地整理项目为例》，《生态经济》2009 年第 9 期。

18. 蔡岚：《合作治理：现状和前景》，《武汉大学学报》（哲学社会科学版）2013 年第 3 期。

19. 陈剑波：《农地制度：所有权问题还是委托—代理问题》，《经济研究》2006 年第 7 期。

20. 陈剑波：《人民公社的产权制度——对排他性受到严重限制的产权体系所进行的制度分析》，《经济研究》1994 年第 7 期。

21. 笪凤媛：《交易费用的测度方法及其在中国的应用研究》，中国经济出版社 2011 年版。

22. 丁恩俊、周维禄、谢德体：《国外土地整理实践对我国土地整理的启示》2006 年第 4 期。

23. 董利民：《土地整理融资机制研究》，博士学位论文，华中农业大学，2005 年。

24. 高明秀：《土地整理与新农村建设耦合关系及其模式创新研究》，博士学位论文，山东农业大学，2008 年。

25. 谷晓坤：《湖北省不同类型土地整治生态效应评价》，《应用生态学报》2012年第8期。
26. 郭艳茹：《管制的产权分析——一种方法论的探讨》，《学术月刊》2005年第12期。
27. 国土资源部土地整治中心：《土地整治蓝皮书：中国土地整治发展研究报告》（No.2），社会科学文献出版社2015年版。
28. 何晓星：《双重合约下的农地使用制度——论中国农地的"确权确地"和"确权不确地"制度》，《管理世界》2009年第8期。
29. 何一鸣、罗必良：《新中国农地制度变迁的经验证据研究》，《河南社会科学》2009年第4期。
30. 何一鸣、罗必良：《产权管制、制度行为与经济绩效——来自中国农业经济体制转轨的证据（1958—2005年）》，《中国农村经济》2010年第10期。
31. 何一鸣、罗必良：《中国农地制度改革阐释：以所有权、产权为肯綮》，《改革》2011年第5期。
32. 何一鸣、罗必良：《农地流转、交易费用与产权管制：理论范式与博弈分析》，《农村经济》2012年第1期。
33. 何一鸣、罗必良等：《科斯定理、公共领域与产权保护》，《制度经济学研究》2013年第2期。
34. 崔鲁宁：《农民参与农地整理项目施工监督的绩效与机制研究》，硕士学位论文，华中农业大学，2014年。
35. 贺雪峰：《新乡土中国》，北京大学出版社2013年版。
36. 贺雪峰、阿古智子：《村干部的动力机制与角色类型——兼谈乡村治理研究中的若干相关话题》，《学习与探索》2006年第3期。
37. 黄季焜：《制度变迁和可持续发展：30年中国农业和农村》，格致出版社、上海人民出版社2008年版。
38. 黄少安：《产权经济学导论》，经济科学出版社2004年版。
39. 黄少安、孙圣民：《中国土地产权制度对农业增长的影响》，《中国社会科学》2005年第3期。

40. 黄少安：《交易费用理论的主要缺陷分析（上）》，《学习与探索》1996 年第 4 期。

41. 冀县卿、钱忠好：《剩余索取权、剩余控制权与中国农业阶段性增长》，《江海学刊》2009 年第 1 期。

42. 贾文涛、张中帆：《德国土地整理借鉴》，《资源与产业》2005 年第 7 期。

43. 贾燕兵：《交易费用、农户契约选择与土地承包经营权流转》，博士学位论文，四川农业大学，2013 年。

44. 柯华庆：《法律经济学视野下的农村土地产权》，《法学杂志》2010 年第 9 期。

45. 莱斯特：《新政府治理与公共行为的工具：对中国的启示》，《中国行政管理》2009 年第 11 期。

46. 李孔岳：《农地专用性资产与交易的不确定性对农地流转交易费用的影响》，《管理世界》2009 年第 3 期。

47. 李宁、董银霞、陈利根：《产权公共领域语境下的主体行为二重性与制度变迁研究》，《当代经济科学》2014 年第 3 期。

48. 李正、王军等：《基于物元评判模型的土地整理综合效益评价方法研究》，《水土保持通报》2010 年第 6 期。

49. 林毅夫、蔡昉：《中国的奇迹：发展战略与经济改革》（增订版），上海三联书店 1999 年版。

50. 刘建生、胡卫军等：《论土地整理中的公众参与》，《河北农业科学》2010 年第 2 期。

51. 刘克春、苏为华：《资源禀赋、交易费用与农地流转》，《统计研究》2006 年第 5 期。

52. 刘凤芹：《新制度经济学》，中国人民大学出版社 2015 年版。

53. 刘彦随：《科学推进中国农村土地整治战略》，《中国土地科学》2011 年第 4 期。

54. 刘彦随、朱琳、李玉恒：《转型期农村土地整治的基础理论与模式探析》，《地理科学进展》2012 年第 6 期。

55. 刘宇翔：《农民合作组织成员投资意愿的影响因素分析》，《农业技术经济》2010 年第 2 期。

56. 卢艳霞、黄盛玉等：《农村土地整治创新模式的思考：基于广西壮族自治区崇左市龙州县"小块并大块"的启示》，《中国土地科学》2012 年第 2 期。

57. 罗必良：《产权强度、土地流转与农民权益保护》，经济科学出版社 2013 年版。

58. 罗必良：《农业性质、制度含义及其经济组织形式》，《中国农村观察》1999 年第 5 期。

59. 罗文斌：《中国土地整理项目绩效评价、影响因素及及其改善策略研》，博士学位论文，浙江大学，2011 年。

60. 吕苑鹃：《国土资源部规划司负责人解读〈全国土地整治规划〉》，《中国国土资源报》2012 年 5 月 4 日第 10 版。

61. 麻宝斌：《公共治理理论与实践》，社会科学文献出版社 2013 年版。

62. 孟凡民：《私人领域与公共领域之间的辩证》，《北京行政学院学报》2005 年第 6 期。

63. ［南］斯韦托扎尔·平乔维奇：《产权经济学——一种关于比较体质的理论》，蒋琳琦译，经济科学出版社 1999 年版。

64. 彭涛、魏建：《村民自治中的委托代理关系：共同代理模型的分析》，《学术月刊》2010 年第 12 期。

65. 钱忠好：《中国农村土地制度变迁和创新研究》，社会科学出版社 2005 年版。

66. 石峡、朱道林等：《土地整治农民需求层次特征及影响因素研究》，《农业工程学报》2015 年第 3 期。

67. 谭劲松、郑国坚：《产权安排，治理机制，政企关系与企业效率——以"科龙"和"美的"为例》，《管理世界》2004 年第 2 期。

68. 田国强：《一个关于转型经济中最优所有权安排的理论》，《经济学》（季刊）2001年第1期。

69. 田劲松、过家春等：《基于物元模型的土地整理经济效益评价》，《水土保持通报》2012年第5期。

70. 汪丁丁：《产权博弈》，《经济研究》1996年第10期。

71. 汪文雄、杨钢桥等：《农户参与土地整理项目后期管护意愿的影响因素研究》，《中国土地科学》2010年第3期。

72. 汪文雄、杨钢桥：《农村土地整理后期管护效率的影响因素实证研究》，《资源科学》2010年第6期。

73. 王红玲：《对一个农业制度变迁模型的再探讨》，《经济研究》1997年第10期。

74. 王丽佳：《交易成本视角的农户合作交易模式研究——以"苹果种植户—果农合作社"制度为例》，博士学位论文，西北农林科技大学，2013年。

75. 王文玲、阚酉浔等：《公众参与土地整理的研究综述》，《华中农业大学学报》（社会科学版）2011年第3期。

76. 王希：《国有企业改革与最优产权安排》，博士学位论文，华中科技大学，2009年。

77. 王小芳、管锡展：《多委托人代理关系——共同代理理论研究及其最新进展》，《外国经济与管理》2004年第10期。

78. 吴九兴、杨钢桥：《农地整理项目农民参与现状及其原因分析——基于湖北省部分县区的问卷调查》，《华中农业大学学报》（社会科学版）2013年第1期。

79. 伍山林：《中国农作制变迁的政治经济学分析——从农户行为与政府偏好角度进行分析》，《经济研究》1998年第8期。

80. 谢静琪：《土地重划》，台湾五南图书出版股份有限公司2007年版。

81. 徐刚：《农业体制转换的制度根源——对一个农业制度变迁模型的改进》，《经济研究》1997年第4期。

82. 徐保根、杨雪峰、陈佳骊：《浙江嘉兴市"两分两换"农村土地整治模式探讨》，《中国土地科学》2011年第1期。

83. 徐勇：《GOVERNANCE：治理的阐释》，《政治学研究》1997年第1期。

84. 徐勇：《论城市社区建设中的社区居民自治》，《华中师范大学学报》（人文社会科学版）2001年第12期。

85. 薛继斌、吴次芳、徐保根：《农地整理规划环境影响评价中的公众参与探讨》，《农机化研究》2004年第5期。

86. 严金明、夏方舟等：《中国土地综合整治战略顶层设计》，《农业工程学报》2012年第14期。

87. 杨磊、郧宛琪：《土地整治：公众参与机制不可或缺》，《中国土地》2012年第8期。

88. 杨瑞龙：《现代契约观与利益相关者合作逻辑》，《山东社会科学》2003年第3期。

89. 姚艳、高世昌：《农村土地整治模式创新探析》，《中国土地》2014年第5期。

90. 姚洋：《集体决策中的理性模型和政治模型——关于中国农地制度的案例研究》，《经济学》（季刊）2003年第2期。

91. 姚洋：《中国农地制度：一个分析框架》，《中国社会科学》2000年第2期。

92. 叶艳妹、吴次芳等：《农地整理中路沟渠生态化设计研究进展》，《应用生态学报》2011年第7期。

93. 宇振荣、刘文平、郧文聚：《土地整治：加强公众参与促转型》，《中国土地》2012年第8期。

94. 郧文聚、汤怀志等：《"十三五"土地整治规划：把生态良田建设摆在突出地位》，《农村工作通讯》2015年第7期。

95. 郧文聚、杨晓艳、程锋：《大都市特色的农村土地整治——上海模式》，《上海国土资源》2012年第3期。

96. 郧文聚：《我国土地整治的实践创新与理论进步》，《上海国土资源》2012年第4期。

97. 曾艳：《农地整理的委托代理关系研究》，《中国人口·资源与环境》2015 年第 1 期。

98. 曾艳：《资产专用性、不确定性与农地整治模式选择》，《中国土地科学》2016 年第 6 期。

99. 张峰：《产权残缺与利益公共补偿——基于市场与政府职能边界的理论探讨》，《中南财经政法大学学报》2010 年第 4 期。

100. 张静：《土地使用规则的不确定：一个解释框架》，《中国社会科学》2003 年第 1 期。

101. 张曙光、程炼：《复杂产权论和有效产权论：中国地权变迁的一个分析框架》，《经济学》2012 年第 4 期。

102. 张维迎、柯荣住：《信任及其解释：来自中国的跨省调查分析》，《经济研究》2002 年第 5 期。

103. 张维迎、余晖：《西方企业理论的演进与最新发展》，《经济研究》1994 年第 11 期。

104. 张五常：《经济解释》，商务印书馆 2002 年版。

105. 张五常：《制度的选择》，中信出版社 2014 年版。

106. 张勇：《一类多任务委托代理模型》，《现代管理科学》2005 年第 9 期。

107. 张正峰、赵伟：《土地整理的资源与经济效益评估方法》，《农业工程学报》2011 年第 3 期。

108. 张正峰：《土地整治可持续性的标准与评估》，《农业工程学报》2012 年第 7 期。

109. 折晓叶、陈婴婴：《项目制的分级运作机制和治理逻辑》，《中国社会科学》2011 年第 4 期。

110. 周其仁：《产权与制度变迁》，社会科学文献出版社 2002 年版。

111. 周雪光：《关系产权：产权制度的一个社会学解释》，《社会学研究》2005 年第 2 期。

112. A. Karmann, "Multiple–task and Multiple–agent Models", *Annals of Operations Research*, No. 54, 1994.

113. Alchian, Armen A. & Harold Demsetz, "Production, Information Costs, and Economic Organization", *The American Economic Review*, Vol. 62, No. 5, 1972.

114. Avner Greif, *Institutions and the Path to the Modern Economy*, Cambridge: Cambridge University Press, 2006.

115. B. Douglas Bernheim, Michael D. Whinston, "Common Marketing Agency As a Device for Facilitating Collusion", *Rand Journal of Economics*, Vol. 16, No. 2, 1985.

116. Bengt Holmstrom, "Paul Milgrom. Multitask Principal – Agent Analysis: Incentive Contracts, Asset Ownership and Job Design", *Journal of Law, Economics and Organization*, No. 7, 1991.

117. Brink A. V. D., "The origins of Dutch rural planning: a study of the early history of land consolidation in the Netherlands", *Planning Perspectives*, Vol. 23, No. 4, 2008.

118. Caya T., Uyanb M., "Evaluation of reallocation criteria in land consolidation studies using the analytic hierarchy process (AHP)", *Land Use Policy*, Vol. 30, No. 2, 2013.

119. Caya T., "Iscan F. Fuzzy expert system for land reallocation in land consolidation", *Expert Systems with Applications*, Vol. 38, 2011.

120. Cheung S., "A Theory of Price Control", *Journal of Law and Economics*, Vol. 117, 1974.

121. Claudio Mezzetti, "Common Agency with Horizontally Differentiated Principals", *Rand Journal of Economics*, Vol. 28, No. 2, 1997.

122. Coelho J. C., Printo P. A., Silva L. M., "A system approach for the estimation of the effects of land consolidation projects (LCPs): A model and its application", *Agricultural Systems*, Vol. 68, No. 3, 2001.

123. Crecente R., Alvarez C. Fra U., "Economic, Social and environmental Impact of Land Consolidation in Galicia", *Land Use Policy*,

Vol. 19, No. 2, 2002.

124. Esther Gal – Or, "A common Agency with Incomplete Information", *Rand Journal of Economics*, Vol. 22, No. 2, 1991.

125. Green M., Nader R., "Economic Regulation vs Competition: Uncle Sam the Monopoly Man", *Yale Law Journal*, No. 8, 1973.

126. Holmstrom B. R., "P. Milgrom. Aggregation and Linearity in the Provision of Intertemporal Incentives" *Econometrica*, Vol. 55, 1987.

127. Iscan F., "The Effects of Different Land Reallocation Models Applied in Land Consolidation Projects on Parcel Transposition: Example of Karatepe village, Turkey", *Scientific Research and Essays*, Vol. 15, No. 9, 2010.

128. Lin J., "Rural Reforms and Agricultural Growth in China", *American Economic Review*, Vol. 82, No. 1, 1992.

129. McMillan J., Whale J., Zhu L., "The Impact of China's Economic Reforms on Agricultural Productivity Growth", *Journal of Political Economy*, Vol. 97, No. 3, 1989.

130. Mike Felgenhauer, "Policy Bias Equivalence under Common Agency", *Journal of Economics*, Vol. 90, No. 3, 2007.

131. Miranda D., Crecente R., Alvarez M.F., "Land Consolidation in Inland Rural Galicia, N. W. Spain, since 1950: An Example of The Formulation and Use of Questions, Criteria and Indicators for Evaluation of Rural Development Policies", *Land Use Policy*, Vol. 27, No. 3, 2010.

132. Perkins D., "Completing China's Move to the Market", *Journal of Economic Perspective*, Vol. 8, No. 2, 1994.

133. Posner A., "Theories of Economic Regulation", *The Bell Journal of Economics and Management Science*, No. 5, 1974.

134. Ross S. A., "The Economic Theory of Agency: The Principal's Problem", *The American Economic Review*, Vol. 63, No. 4, 1973.

135. Sakuragaoka, Setagayaku, "Effects of Agricultural Land Consolidation on Erosion Processes in Semi – mountainous Paddy Fields of Japan", *Journal of Agricultural Engineering Research*, Vol. 64, No. 3, 1996.

136. Sappington, David E. M., "Incentives in principal – agent relationships", *The Journal of Economic Perspectives*, 1991: 45—66.

137. Stigler G., "The Theory of Economic Regulation", *The Bell Journal of Economics and Management Science*, No. 2, 1971.

138. Thomas J., "Attempt on systematization of land consolidation approaches in Europe", *Information and Land Management*, Vol. 131, No. 4, 2006.